نظام التعليم بالمملكة العربية السعودية الواقع والمأمول

د. قاسم بن عائل الحربي
أستاذ الإدارة التربوية المشارك
كلية التربية جامعة جازان
وعميد عمادة خدمة المجتمع
والتعليم المستمر

د. ياسر فتحي الهنداوي المهدي
أستاذ الإدارة التربوية المشارك
ورئيس القسم جامعة جازان
أستاذ مساعد الإدارة التربوية
كلية التربية جامعة عين شمس

مكتبة الرشد
ناشرون

ح قاسم عائل الحربي، ياسر فتحي المهدي - الرياض ، ١٤٣٣هـ
فهرسة مكتبة الملك فهد الوطنية أثناء النشر
الحربي، قاسم عائل
نظام التعليم بالمملكة العربية السعودية : الواقع والمأمول . الرياض،١٤٣٣هـ
ردمك: ٤-٦٩٣٥-٠٠-٦٠٣-٩٧٨
ديوي ٣٧٩.٥٣١ ٣٠٠٤/ ١٤٣٣
رقم الإيداع : ٣٠٠٤/ ١٤٣٣

الطبعة الأولى تاريخ : ١٤٣٣هـ- ٢٠١٢م

مكتبة الرشد - ناشرون
المملكة العربية السعودية - الرياض
الإدارة : مركز البستان - طريق الملك فهد هاتف ٤٦٠٢٥٩٠
ص ٠ ب ١٧٥٢٢ الرياض ١١٤٩٤ هاتف ٤٦٠٤٨١٨ - فاكس ٤٦٠٢٤٩٧
Email: rushd@rushd.com.sa
Website : www.rushd.com.sa
www.Info@rushd.com للتواصل

فروع المكتبة داخل المملكة

الرياض :المركز الرئيسي : الدائري الغربي - بين مخرجي ٢٧ و٢٨ هاتف ٤٣٢٩٣٣٢
الرياض : فرع عثمان بن عفان هاتف ٢٢٥٣٠٥٢
الرياض : فرع الدائري الشرقي هاتف ٤٩٧١١٩٩ فاكس ٤٩٦١٥٩٩
فرع مكة المكرمة : شارع الطائف هاتف ٥٥٨٥٤٠١ فاكس ٥٥٨٣٥٠٦
فرع المدينة المنورة : شارع أبي ذر الغفاري هاتف ٨٣٤٠٦٠٠ فاكس ٨٣٨٣٤٢٧
فرع جدة : مقابل ميدان الطائرة هاتف ٦٧٧٦٣٣١ فاكس ٦٧٧٦٣٥٤
فرع القصيم : بريده - طريق المدينة هاتف ٣٢٤٢٢١٤ فاكس ٣٢٤١٣٥٨
فرع أبها : شارع الملك فيصل هاتف ٣٢١٧٣٠٧ فاكس ٢٢٤٢٤٠٢
فرع الدمام : شارع الخزان هاتف ٨١٥٠٥٥٦ فاكس ٨٤١٨٤٧٣
فرع حائل : هاتف ٥٣٢٢٢٤٦ فاكس ٥٦٦٢٢٤٦
فرع الإحساء : هاتف ٥٨١٣٠٢٨ فاكس ٥٨١٣١١٥
فرع : تبوك هاتف ٤٢٤١٦٤٠ فاكس ٤٢٣٨٩٢٧

مكاتبنا بالخارج

القاهرة : مدينة نصر : هاتف ٢٧٤٤٦٠٥- موبايل ٠١١٦٢٨٦١٧٠
بيروت : بئر حسن موبايل ٠٣٥٥٤٣٥٣ تلفاكس ٠٥/٤٦٢٨٩٥

بسم الله الرحمن الرحيم

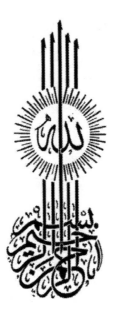

الفصل الأول

مدخل إلى نظم التعليم

الفصل الأول

مدخل إلى نظم التعليم

أولاً: النظام التعليمي Educational System

تهتم جميع المجتمعات المعاصرة بالنظام التعليمي، وتعتبره بعض المجتمعات المتطورة استثماراً في رأس المال البشري بوصفه قاطرة تنمية المجتمع، وسبيلها نحو التقدم والإزدهار.

ونظرًا لما لنظم التعليم من أهمية بالغة؛ فقد اهتمت به معظم العلوم التربوية، بل وأكثر من ذلك فقد ظهر علما مستقلا من العلوم التربوية، اعتبر موضوعه الرئيس دراسة نظم التعليم عبر دول العالم، وهو ذلك العلم المعروف بالتربية المقارنة Comparative Education، فالتربية المقارنة هي علم يعنى بدراسة نظم التعليم في البلدان المختلفة في ضوء سياقاتها الثقافية، للتعرف على أوجه التشابة والاختلاف، والاستفادة من ذلك في تطوير نظام التعليم القومي، مع مراعاة القوى والعوامل الثقافية التي يعمل فيها النظام التعليمي.

ولعله من المنطقي التعرف على مفهوم النظام بصفة عامة، وخصائصه ومكوناته، وأنواع النظم كمدخل ضروري لفهم النظام التعليمي، والعوامل المؤثرة فيه... وفيما يلى عرض تلك النقاط:

١- مفهوم النظام / المنظومة System

يمكن القول إن مفهوم النظام من المفاهيم المحورية في معظم العلوم المعاصرة، حيث تعتمد معظم العلوم المعاصرة بصورة أو بأخرى على منهج النظم، أوالتفكير النظمي في تناول الظواهر المختلفة، ويعزي الفضل في ظهور منهج النظم إلى عالم بيولوجي هو Ludwig von Bertalanffy الذي أزعجه التشتت الواضح بين العلوم وميادين البحث المختلفة،رغم هذه الوحدة في العقل الإنسانى الذي يجمعها جميعاً. وقد حاول في

مجموعة دراسات قدمها في أوائل الخمسينات (١٩٥١ وما بعدها) أن يبحث عن إطار عام يربط بين ميادين البحث العلمي المعروفة، للوصول إلى نظرية عامة تمكن من تحليل واقع أية ظاهرة، ووضع أسس وقواعد حركية بناء على المعطيات الكلية للتحليل، وذلك أن التحليل الجزئي لأية ظاهرة دون الأخذ بعين الاعتبار الإطار الكلي الذي تندرج فيه هذه الظاهرة لا يؤدي إلى الفائدة المرجوة من هذا التحليل.

وهكذا اقترح **بيرتلانفي** أن مفهوم النظام يقدم لنا هذا الإطار العام لتحليل أي ظاهرة تحليلا كليا شاملا.

ويعرف **علي السلمي** النظام أو المنظومة بأنه "الكيان المتكامل الذي يتكون من أجزاء وعناصر متداخلة، تقوم بينها علاقات تبادلية من أجل أداء وظائف وأنشطة تكون محصلتها النهائية بمثابة الناتج الذي يحققه النظام كله". بينما عرفه **شاكر فتحي، ١٩٩٦** بأنه "مجموعة من الوحدات أو الأجزاء يتفاعل بعضها مع بعض لتحقيق هدف أو أهداف معينة، بأقل جهد ووقت ممكن". ومن التعريفات الأخرى للنظام ما يلي:

- ذلك الكل المنظم والمركب الذي يجمع ويربط بين أشياء أو أجزاء تشكل في مجموعها تركيباً موحداً، وتلك الأجزاء التي يتكون منها النظام تنتظم في علاقات متبادلة بحيث لا يمكن عزل أحدها عن الآخر، مع ذلك فكل منها يحتفظ بذاتيته وخصائصه الا إنها في النهاية جزء من كل متكامل.
- أومجموعة من الأجزاء أو الأنظمة الفرعية التي تتداخل العلاقات بين بعضها وبينها وبين النظام الذي نظمها،والتي يعتمد كل جزء منها على الآخر في تحقيق الأهداف التي يسعى إليها هذا النظام الكلي.
- أو هى نمط من العلاقات بين متغيرات أو عوامل تابعة ضمن إطار تهدف إلى تحقيق أهداف محددة.
- أو الكل الذي تدور بين عناصره تفاعلات تعمل في إطاره على تحقيق أهداف محددة.
- أو مجموعة من العناصر والمكونات التي تتفاعل في إطار هادف.

ومن خلال التعريفات السابقة يمكن استنتاج مجموعة من القواسم المشتركة بينها من أهمها:

➤ تعدد العناصر أو المقومات أو الأجزاء .

➤ وجود خصائص ذاتية لكل عنصر من العناصر، تختلف إلى حد ما عن الخصائص الذاتية للعناصر الأخرى .

➤ وجود صفات مشتركة تجمع بين هذه العناصر وتشكلها في كل متكامل.

➤ وجود إطار محدد وحدود متميزة تتشكل ضمنها هذه العناصر، بحيث تكون النشاطات التي تمارسها هذه العناصر متناسقة ومنسجمة ضمن هذا الإطار.

➤ وجود وظيفة محددة أو هدف عام لكل نظام.

➤ وجود تفاعل وتكامل بين عناصر النظام أو أجزاؤه.

وهكذا يصبح النظام، أي نظام، نتاجاً لعملية التفاعل بين مختلف أجزائه ومقوماته، وأن توازنه واستمراريته تعتمدان على طبيعة هذا التفاعل.

والحقيقة أن مفهوم النظام يمكن تطبيقه على كـل شـئ في حياتنـا تقريبـا، فالمجتمع نظام، وجسـم الإنسان نظام، والسيارة نظام، والمدرسـة نظام، والفصل الـدراسي نظام.... **(هـل تسـتطيع توضيح ذلك)؟!** وكل نظام عادة ما يتكون من مجموعة من النظم الفرعية، كما قد يكون في حد ذاته نظامـا فرعيا من نظام أكبر..... **(هل تستطيع ذكر أمثلة تدعم هذا القول)؟!**

٢- مكونات النظام :

يتكون النظام من أربعة عناصر أساسية هي:

- المدخلات Inputs.

- العمليات Processes.

- المخرجات Outputs.

- التغذية الراجعة Feedback.

(١) **المدخلات** : أن مفهوم النظام القائم على أساس التفاعل يعني أن هذا التفاعل لا بد له من وجود موارد تشكل المادة الأساسية اللازمة له، ويمكن تسمية هذه المادة

بالمدخلات Input كما يمكن اعتبار هذه المدخلات نقطة بداية العملية النظمية. ويمكن تصنيف مدخلات أي نظام اجتماعي ضمن الأطر الرئيسة الثلاث التالية :

➢ مدخلات فكرية،(وتضم مدخلات ذات طابع معنوي، وتشريعي، ومعلوماتي).

➢ مدخلات بشرية.

➢ مدخلات مادية.

وتشكل هذه الأطر الأبعاد الأساسية المتكاملة التي تحدد تشكيل النظام، وتؤثر في سير حركته نحو تحقيق أهدافه المرسومة في إطار النظام الكلي.

(٢) **العمليات** (أجهزة التحويل) أي الأجهزة أو القوى التي تقوم بتحويل هذه المدخلات لتصدر على هيئة مخرجات Outputs ،ويمكن تصوير عملية التحويل بآلة تقوم باستقبال المادة الخام التي هي بمثابة مدخلات لها، واستيعابها وتحويلها في إطار عملياتها الداخلية إلى مادة مصنعة هي بمثابة مخرجات لها، ويشار إلى عملية التحويل "بالصندوق الأسود" لأنها تمثل المتغير المجهول الذي ينبغي استكشافه في النظام بأكمله، وذلك بالمقارنة بمعرفة الأجزاء الأخرى التابعة والأصلية في النظام.

(٣) المخرجات أو النواتج : Outputs

وتمثل مخرجات النظام أنها:حاصل تفاعل عمليات تحويله للمدخلات، أو حاصل معالجة أدواته للمدخلات الطارئة عليه في إطار المتغيرات البيئية والذاتية ووفقا للأهداف المرسومة للنظام.

(٤) **التغذية الراجعة** Feedback: إن كل نظام يتضمن مجموعة من المدخلات التي تجرى عليها مجموعة من العمليات لتحويل المدخلات إلى مخرجات، وتأتي التغذية الراجعة لتصحح وتعدل مسار النظام من خلال ما يتوافر من معلومات عن مدى جودة المخرجات؛ حيث إن القصور في المخرجات قد ينشأ عن ضعف المدخلات، أو ضعف في عمليات التحويل ذاتها. وبذلك فالتغذية الراجعة هي مسألة

بأول، إضافة إلى تقويم عمليات تنفيذ المخرجات سواء كان ذلك من قبل النظام نفسه،أو من

قبل النظام الأكبر. وحتى يمكن فهم واستيعاب هذا الجزء الجوهري من النظام، يجدر التنويه بداية إلى عدة ملاحظات أساسي هى:

- أن عمليات التغذية الراجعة يمكن أن تكون داخلية، بمعنى مدى قدرة النظام الذاتية على إخراج العوائد المطلوبة بالكفاية والكفاءة اللازمتين، وخارجية تتمثل بقدرته على التحكم في العوامل البيئية المحيطة لزيادة هذه العوائد .
- أن هذه العمليات التي يمارسها النظام لقياس تأثير عوائده على النظم الأخرى؛بهدف تصحيح مساراته،والتى تقوم على أساس عدة معايير، تتركز معظمها حول نسبة المنتج إلى المستثمر من الموارد الاجتماعية والإنسانية والتنظيمية والتكنولوجية، (أي نسبة المخرجات إلى المدخلات) .
- أن لكل نظام فرعي في إطار النظام المركب (الذي يتشكل من مجموعة نظم فرعية) تغذيته الراجعة، التي تصحح مساراته للمحافظة على بقائه واستمرارية تكيفه، بيد أن عملية التغذية الراجعة على مستوى النظام ككل والتي تمارسها أجهزتها التحويلية أساساً أو النظم الأخرى المحورية في إطار النظام الأكبر، تختلف، على أساس أن الكل ليس مجموع أجزائه، بمعنى أن التغذية الراجعة للنظام ككل ليست مجموعة عمليات التغذية الراجعة التي تمارسها النظم الفرعية في إطار النظام؛لأن هذه العمليات الكلية تتجه تحو النظام الأكبر .

والحقيقة أن لمفهوم النظم العديد من الفوائد التحليلية من أبرزها ما يلي:

- أن الظاهرة التى تتخذ شكل النظام ترتبط ارتباطا وثيقا بالبيئة التى توجد فيها ، ومثل هذا الارتباط يفسر لنا كثير من سلوك تلك الظاهرة.
- أن المخرجات ما هى الا نتيجة حتمية لنوعية وكفاءة المدخلات والأنشطة بالنظام .
- أن كفاءة الأنشطة ومستوى العمليات التى يمارسها النظام تتأثر إلى حد كبير بجودة المدخلات ووفرتها .
- أن المدخلات يمكن أن ينتج عنها مخرجات متباينة فى المستوى والجودة، وذلك تبعا لتباين كفاءة وفعالية الأنشطة .

- أن ما يتحقق عن النظام من مخرجات يعود ليؤثر في قدرته على استقطاب موارد (مدخلات) جديدة ، كما يؤثر في أنواع الأنشطة التي يقوم بها ومستوى تلك الأنشطة.

ويوضح الشكل التالي نموذج مبسط للنظام،وعناصره أومكوناته:

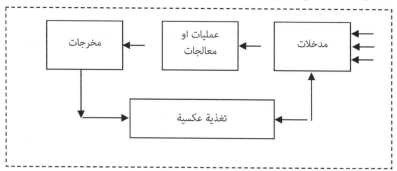

الشكل (١) نموذج مبسط للنظام

ومن خلال الشكل أعلاه يمكن استخلاص الآتي:

- يمكن تصور نظام داخل نظام، فكل جزء في النظام يعد نظام فرعي من النظام الكلي الذي يضمه ولا يستطيع بمفرده انجاز الهدف الاساسي للنظام الكلي.

- حدود النظام هو الخط (المتقطع) الذي يفصل النظام عن البيئة المحيطة به كما يربط أجزائه الداخلية، ولا بد أن يسمح بالتبادل والتفاعل المستمر بين النظام وبيئته.

- مدخلات النظام يمكن أن تكون مخرجات نظام آخر.

- الأسهم المستخدمة في التعبير عن النظام تعبر عادة عن اتجاه العلاقات بين أجزاء النظام،أو بين النظام وبيئته الخارجية.

٣- مفهوم النظام التعليمي

اتضح لنا أن مفهوم النظام يمكن تطبيقه على أي ظاهرة طبيعية أو مجتمعية، وباعتبار التعليم نشاط اجتماعي فهو يمثل ظاهرة مجتمعية،ينسحب عليها مفهوم النظام بوصفه يضم مجموعة من العناصر التي يمكن اعتبارها بمثابة نظم فرعية في إطاره،والتي

يوجد فيما بينها تفاعل وتكامل، كما يوجد بينها وبين البيئة الخارجية أو المجتمع أيضا تفاعل أو عمليات تأثير وتأثر.

ويعرف النظام التعليمي بأنه:" الإطار العام الذي يضم كل عناصر العملية التعليمية ومكوناتها: البشرية (من طلاب ومعلميين وكوادر إدارية وفنية) والمادية (المباني والتجهيزات والنواحي المالية والتكنولوجية) والفكرية (التشريعات والبرامج ، والمناهج والمقررات..).

٤- مكونات المنظومة التعليمية:

المنظومة أو النظام التعليمي مثله مثل أى نظام يتكون من مدخلات وعمليات ومخرجات وتغذية راجعة يمكن توضيحها فيما يلى :

أ- المدخلات :

تتكون المدخلات من كافة الموارد والعناصر اللازمة لضمان جودة العملية التعليمية، ويمكن تصنيفها إلى مدخلات فكرية مثل فلسفة النظام التعليمي، والأهداف، والسياسات والتشريعات، ومدخلات بشرية تتمثل فى الطلاب والمعلمين والكوادر العاملة، ومدخلات مادية تتضمن الإمكانات التعليمية المتمثلة فى المباني، والتجهيزات، والمعامل، والورش، والأدوات والمواد الخام، وكذلك المكتبة، بالإضافة إلى جانب الدعم المادى للطلاب.

ب- العمليات :

وهى تتصل بطبيعة التفاعلات والأنشطة التى يتم بها تحويل المدخلات إلى نواتج ومخرجات،وتشتمل العمليات على مجموعة من المنظومات الفرعية التى تتفاعل مع بعضها البعض من أجل تحويل المدخلات إلى مخرجات مثل:عمليات تخطيط وتنظيم العمل التعليمي، والأنشطة الطلابية، والتوجيه، والإرشاد، والتقويم، والامتحانات وغيرها.

ج- المخرجات :

وهى المحصلة النهائية الملموسة لكل تفاعلات ونشاطات منظومة التعليم ، وهى تمثل النتائج النهائية التى يتم الحصول عليها مثل المستوى التعليمى للطلاب، هذا إلى جانب المخرجات المادية المتمثلة فى الفوائد التى تعود على البيئة والمجتمع.

د- التغذية الراجعة:

وهي عملية ضبط عمل النظام التعليمي وتفاعله وتكيفه مع متغيرات البيئة المحيطة. وذلك لأن جوهر التغذية الراجعة ينطوى على جانبين أساسيين: أولهما جمع المعلومات المتعلقة بكل عمليات النظام ومخرجاتها الفعلية ومدى مناسبتها للأهداف المنشودة،وقدرة النظام على التفاعل والاستيعاب لمكونات البيئة القريبة والبعيدة ، ومدى تمتع النظام بالقبول والرضا العام من قبل البيئة المحيطة ومؤسساتها، وأيضاً قدرته على مواجهة التغيرات الناجمة عن التغيرات الحادثة فى مناحى الأنشطة المجتمعية. وثانيهما:تحويل هذه المعلومات إلى مدخلات جديدة للنظام، الأمر الذى يفيد فى المحافظة على استقراره وديناميكية توازنه داخلياً وبيئياً ، وكذلك تصحيح مسار التنفيذ وتحقيق الأهداف المرغوبة بكفاءة وفعالية،وبأقل تكلفة ووقت وجهد، وفيما يلى شكل توضيحى للمنظومة التعليمية :

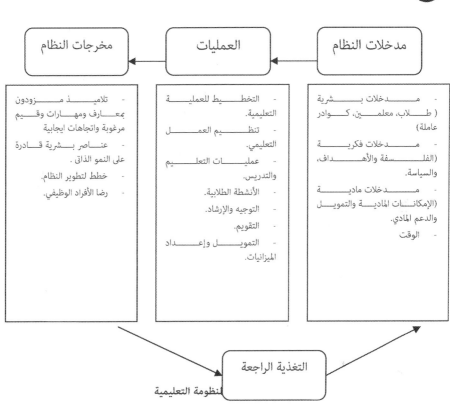

مدخلات النظام
العمليات
مخرجات النظام

نظومة التعليمية

ثانيا: القوى والعوامل المؤثرة في النظم التعليمية:

يعتبر النظام التعليمي إحدى المنظومات المجتمعية التي تؤثر في المجتمع وتتأثر به، ولذلك فهناك مجموعة من العوامل التي يمكن أن تؤثر على المنظومة التعليمية بشكل كبير في أي مجتمع من المجتمعات من أهمها ما يمكن إجماله على النحو التالي: (عبد الحميد حكيم، ١٤١٩ هـ ، وفاتن عزازي، ٢٠١٠م)

١- العوامل السياسية:

يؤثر العامل السياسي بشكل كبير في تشكيل النظام التعليمي والتخطيط له، ذلك أن النظام التعليمي بأنواعه ومراحله يحدد وفق رغبة الحاكم، أو السيطرة الاحتلالية حال تعرض الدولة للاحتلال، وتؤثر العوامل السياسية في النظام التعليمي من جانبين هما :

أ- **النظرية السياسية أو الايدلوجيا السياسية .**

إن الايدلوجيا عبارة عن خليط من التراث الثقافي والاجتماعي والحضاري والقيم المتفاعلة معاً لشعب من الشعوب،ولقد ظهرت الايدلوجيا في فرنسا خلال القرن الثامن عشر ، وكانت تعني علم الأفكار وكانت صلتها وثيقة بالتربية، فعلم الأفكار يرتبط بحياة الإنسان والقواعد الأساسية لتعليمه وتعلمه، وتتأثر السياسة التعليمية بالايدلوجيا السياسية السائدة في المجتمع، لكون رسم السياسة التعليمية لا يتم بنجاح إلا إذا كانت الصورة عن المواطن الذي يتمناه المجتمع في ضوء تطلعات المستقبل واضحة، وهذا يتطلب ضرورة وجود نسق فكري عام يتبناه المجتمع، ويحدد معايير السلوك والتفكير .

ب- **الظروف السياسية الطارئة .**

وهي الظروف التي تفرض نفسها على الدولة، فتجبرها على تعطيل سياستها التعليمية أو التخلي عنها، وهي ظروف داخلية، كالمظاهرات، والإضرابات، والحروب الطائفية...الخ،وظروف طارئة خارجية، كالحرب مع دولة أخرى، أو تعرض الدولة لاحتلال...الخ. وتؤثر تلك الظروف كذلك بالحد من الإنفاق على التعليم، أو فرض رسوم ولغة أجنبية، أو تغيير بعض مواد السياسة التعليمية، أو إلغائها بالكلية.

٢- العامل الاقتصادي .

يعد العامل الاقتصادي من أهم العوامل المؤثرة سلباً وإيجاباً، فللعامل الاقتصادي كبير الأثر في ميزانيات التعليم، التي يحتاجها نظام التعليم، بل إن المفهوم الجديد للتعليم على مستوى العالم أنه عملية استثمارية، وأصبح التخطيط للتعليم يعتمد على المؤشرات الاقتصادية، فالعلاقة بينهما علاقة طرية، كلما ازدهر الاقتصاد ازدهر التعليم، وكلما ازدهر التعليم ازدهر الاقتصاد؛لاستفادته من

- كلما زاد معدل التنمية الاقتصادية، أمكن زيادة ميزانية التعليم، مما يساعد على نشره وتحسين مستواه.
- كلما زاد معدل التنمية الاقتصادية كلما زادت سنوات التعليم الإلزامي.
-

- العامل الاقتصادي هو الدعامة التي يستند عليها التوسع في التعليم.

- وهو الذي يوفر فرص العمل للأيدي العاملة المتعلمة، وبالتالي فهو مصدر أساسي للدخل.

- التعليم هو السبيل لإعداد القوى البشرية المتعلمة والمدربة اللازمة لتحقيق النمو الاقتصادي.

- كلما زادت دخول الأفراد نتيجة التنمية الاقتصادية كلما زادت التطلعات إلى مستويات تعليمية أعلى وأرقى.

- كلما تحققت التنمية الاقتصادية، كلما زادت فرص العمل، وتحسنت معدلات الأجور.

- تشكل الأنشطة لاقتصادية قوة ضاغطة في اتجاه الطلب على التعليم.

- ومن ذلك يتضح أن الاقتصاد ذو قيمة محدودة إن لم يسخر في سبيل التقدم،وذلك من خلال التعليم، الذي هو بدوره سبيل لتطوير الاقتصاد.

٣- العوامل الجغرافية

يرتبط العامل الاقتصادي بالعامل الجغرافي، ذلك أن اقتصاديات أي دولة تعتمد بشكل مباشر على العامل الجغرافي لتلك الدولة، فهي التي تحدد مصادر الثروة فيها.

وتؤثر العوامل الجغرافية في نظام التعليم من ثلاث زوايا هي :

أ- المُناخ

يحدد المُناخ السن الملائمة لبدء الإلزام، وموسم الإجازات الدراسية، وطول أو قصر اليوم الدراسي، وشكل المباني ومواصفات مواد البناء، والتأثيث والمختبرات وما تحتويه والوسائل التعليمية، كل ذلك يجب أن يخضع لظروف المُناخ.

ب- طبيعة البيئة

الفرد يتأثر بالبيئة ويؤثر فيها، فالبيئة الجغرافية تلهم الإنسان بما تحتويه من الكثير من الظواهر الطبيعية، والتي تعد خبرة مربية . لذا يجب أن يفسح المجال لدراسة تفاعل الإنسان مع بيئته، ضمن البرامج التعليمية ليلم المتعلم ببيئته فيتكيف معها، ويستجيب

لها، وذلك من خلال الأنشطة التربوية. كما أن طبيعة البيئة تحدد محتويات البرامج الدراسية، وتحدد شكل الإدارة التعليمية ومواد الدراسة .

ج- مصادر الثروة

تختلف الثروات الطبيعية من بيئة لأخرى، كما أنها تختلف من حيث مردودها وقيمتها الاقتصادية، وباختلاف مصادر الثروة يختلف الإنفاق على التعليم، والتوسع فيه، ويرتبط هذا العامل من العوامل الجغرافية بالعامل الاقتصادي ، فهو المصدر للعامل الاقتصادي، ولكن هناك حالات لم يكن فيها مصدر اقتصادي جيد، ومع ذلك ازدهر اقتصاد البلاد كاليابان.

٤- العوامل الاجتماعية

تختلف التربية باختلاف تصورها لمفهوم الفرد وعلاقته بأفراد المجتمع ومنظماته، وذلك لكون التربية في أساسها عملية اجتماعية، والمجتمع يعد بعداً من أبعاد التربية. فالنظام التعليمي هو الذي تعتمد عليه الدولة في تغطية احتياجاتها من القوى البشرية بجميع مستوياتها، فالتعليم أمر يتصل بمستقبل الدولة، وهو وسيلتها في تشكيل رجال الغد، ولذا تجعل بعض الدول مراحله إلزامية،وتؤثر العوامل الاجتماعية في النظم التعليمية من خلال :

أ- الدين

يعد الدين من موجهات النظم التعليمية في كثير من بلدان العالم، فهو يؤثر في النظم التعليمية تأثيرًا مباشراً، بل إن نشر التعاليم الدينية كان من أهم الدوافع لإنشاء المدارس،ولذلك كان يتم بناء النظام التعليمي وفق الأسس الدينية التي يود المجتمع تقديمها للناشئة. وكما أسهم الدين بشكل بارز في إنشاء المدارس وتحديد محتويات المنهج، أسهم الدين في كذلك بفاعلية في اختيار المعملين وتعينهم، وإلزامهم بنوع معين من السلوك.

ب- اللغة

فهي وسيلة العلم في التعبير عن محتواه. واللغة من أهم العوامل في شخصية بناء

الأمة،وهي دعامة الفكر والثقافة وتظهر المشكلات اللغوية في الدول التي يتكلم سكانها أكثر من لغة، كما الحال في الهند.

ج- التركيب الاجتماعي

ينعكس التركيب الاجتماعي للمجتمع على التعليم، ونظمه وأنواعه، والفرص التعليمية حيث تختلف النظم التعليمية باختلاف علاقة الفرد بالمجتمع، وباختلاف المفاهيم والفلسفات التي تبلور هذه العلاقة وتحدد إطارها، كما يمهد التعليم لمسير المجتمع نحو المستقبل من خلال إعداد متطلباته من القوى البشرية بالكم والكيف المطلوبين، ولذا فإن النظام التعليمي يعكس درجة تقدم المجتمع.

ويتضح أثر التركيب الاجتماعي على نظام التعليم من خلال تحول نظم التعليم من احتكار النبلاء والأثرياء قديماً للتعليم، حيث جعلوه خاصاً بهم، واستخدموه لتحقيق أغراضهم ومصالحهم، إلى أن أصبح من الحقوق المعترف بها للإنسان، وكان ذلك نتيجة للتغير الاجتماعي المستمر، والتحسن في مستويات المعيشة، وبالتالي ازدياد الطلب على التعليم،ومما سبق تتضح آثار العوامل الاجتماعية على السياسة التعليمية، فمخرجات السياسة التعليمية تعمل بحول الله على تحقيق مطالب المجتمع .

٥- العوامل السكانية .

تؤثر العوامل السكانية في النظم التعليمية والتربوية بدرجة كبيرة، ونتيجة للاختلاف العوامل السكانية من مجتمع لآخر تختلف النظم التعليمية، ومن أهم العوامل السكانية.

أ- التكوين العنصري للسكان.

أي العنصر أو الجنس أو السلالة، ويرتبط التكوين العنصري للسكان ارتباطاً كبيراً بالناحية البيولوجية، التي تؤدي إلى ظهور سلالة متميزة تمثل الجنس البشري الأصلي، أو نتيجة لامتزاج أجنس أصيلة متعددة،والمشكلة العنصرية مشكلة قديمة لها أثرها في تحديد النظم التعليمية، وخاصة في الدول التي توجد بها مجموعات عنصرية.

ب- نمو وتوزيع السكان.

يختلف نمو السكان وتوزيعهم ما بين القرية والمدينة، ولذا يجب مراعاة نمو وتوزيع السكان عند التخطيط لتوزيع الخدمات التعليمية، وذلك بحسب توزيع السكان ونموهم داخل الدولة من منطقة لأخرى وفقاً لأعداد الطلاب.

ج- الانفجار السكاني

هو أحد الانفجارات التي يشهدها العصر الحالي، ومنها الانفجار المعرفي والمعلوماتي . ولا يعد الانفجار السكاني مشكلة تعليمية، أو من العوامل المؤثرة في النظم التعليمية إذا سارت معه معدلات التنمية بالسرعة نفسها، ولكن نظراً لتخلف الثانية عن الأولى تظهر المشكلة وخاصة في البلدان النامية، ذات الموارد المحدودة، مما يؤدي إلى فقدان التوازن بين النمو السكاني والتنمية التعليمية، وبالتالي تنخفض معدلات قبول الطلاب بالمراحل التعليمية المختلفة، وتتكدس الفصول بالطلاب، وتعمل المدرسة لأكثر من فترة، أو تستأجر المباني، مما يؤثر على مستوى التعليم ونوعيته ومن هنا تؤثر العوامل السكانية في التخطيط لتنفيذ السياسة التعليمية والنظم التعليمية، وهناك عوامل أخرى تؤثر في صياغة السياسة التعليمية، والتخطيط لتنفيذ موادها، وتحدد مسارات التنفيذ، لا تقل أهمية عن العوامل السابقة، ومنها العوامل التاريخية، والعوامل الحضارية..الخ .

وجميع تلك العوامل تؤثر في السياسة التعليمية، وهي عوامل متداخلة ومتكاملة، كل منها يؤثر في الآخر. فالسياسة التعليمية تترجم السياسة العامة التي ينتهجها القادة، وتعمل على تحقيق طموحات الدولة وأهدافها، من خلال برامج التربية والتعليم، ولذا كان على السياسة التعليمية أن تستجيب لما يحدث في المجتمع من تغيرات وتحولات، تتطلب مقررات جديدة، وأساليب تربوية متنوعة ووسائل تعليمية حديثة، تمكن الناشئة من التعامل مع تلك المخترعات واستخدام وسائل الإنتاج التي ستظهر عند خروجهم للحياة العملية.

ثالثاً:الاتجاهات العالمية المعاصرة في تطوير نظم التعليم:

تحكم مسارات واتجاهات تطوير نظم التعليم مجموعة من الأطر المرتبطة بطبيعة المتغيرات العالمية وتطورها وعلاقتها بنظم التعليم فى كل دولة وقد أورد (محمد عبد الحميد وأسامة قرني، ٢٠٠٦) أهم مجالات التطوير التعليمى واتجاهاتها، والتي يمكن إجمالها على النحو التالي:

١- اتجاهات التطوير على المستوى القومي:

ومن أبرز هذه الاتجاهات العالمية ما يلي:

أ- اتجاه النظم نحو تحقيق التربية مدى الحياة Long life Education :

اهتمت المنظمات الدولية بالتربية المستدامة وقد عبر عنها تقرير اللجنة الدولية للتربية للقرن الحادى والعشرين "جاك ديلور" باقتراح مدخلاً إصلاحياً لمراحل التعليم؛حيث تكون مسارات التربية فى النظم التعليمية أكثر تنوعاً،وتزداد قيمة كل منها وتتحسن، ويؤكد التقرير أن هناك حاجة لإعادة النظر فى فكرة التربية مدى الحياة وتوسعيها، مما يتطلب فهماً أفضل للآخرين وللعالم على إطلاقه، والتأكيد على أمر واجب وهو ألا ينبغى أن تترك أى من المواهب الكامنة كالكنز المدفون عند كل شخص دون أن يتم تنميتها والإفادة منها،كالذاكرة والقدرة على الاستدلال،والتخيل،والقدرة الجسمية،والإحساس الجمالى،والاستعداد التواصلى مع الآخرين،وسحر قائد الجماعة الملهم Charisma والذى يدلل مرة أخرى على الحاجة إلى معرفة الذات على نحو أعظم، وإذا أريد للتربية أن تنجح فى الاضطلاع بمهامها، فينبغى أن تنظم حول أربعة أنماط أساسية من التعلم تكون على نحو ما خلال حياة الشخص وهى :

- أن يتعلم ليعرف Learning to Know أى يكتسب أدوات الفهم.
- أن يتعلم ليعمل Learning to do بحيث يصبح قادراً على الفعل والتأثير فى بيئته على نحو ابتكاري.
- أن يتعلم ليعيش مع الآخرين Learning to live together بحيث يشاركهم ويتعاون معهم فى جميع الأنشطة الإنسانية.

- أن يتعلم ليكون Learning to be وهذا النوع من التعلم يمثل تقدماً أساسياً يعتمد على الأعمدة السابقة،وينطلق منها؛حيث إن القرن القادم يقتضى من كل فرد أن يمارس استقلال أعظم وقدرة على الحكم ترتبط بإحساس أقوى بالمسئولية الشخصية عن تحقيق الأهداف المشتركة.

ب- اتجاه النظم نحو تحقيق التربية للجميع: Education for All

ويعتبر هذا الاتجاه أكثر ارتباطاً بمرحلة التعليم الأساسى والإلزام حيث اعتمد المؤتمر الدولى "حول التربية للجميع" ٥-٩ يناير ١٩٩٠م جومتين تايلاند المبادئ والأفكار التى تحتويها وثيقة الإعلان العالمى حول التربية للجميع وهيكلية العمل لتأمين حاجات التعليم الأساسية، ويمثل هذا الاتجاه أهم ركائز الإصلاحات التربوية المعاصرة فى مجال توفير الحاجات التعليمية الأساسية لجميع الأطفال والشباب والكبار بصورة فعالة فى جميع البلدان،وقد حدد المؤتمر هيكلية العمل لتأمين تلك الحاجات من خلال رؤية موسعة تشمل ما يلى:

- تعميم الالتحاق بالتعليم والنهوض بالمساواة.
- التركيز على اكتساب التعليم.
- توسيع نطاق التربية الأساسية ووسائلها.
- تعزيز بيئة التعلم.
- تقوية المشاركات.

وتحاول المجتمعات جميعها توفير فرص التعليم للجميع أيماناً منها بأن المجتمع يجب أن يصبح مجتمعاً متعلماً Learning Society وثمة اتجاه معاصر بدأ تنفيذه فى ولاية نيويورك الأمريكية فى منطقة Bronx يتضمن بدلاً من تقديم الخدمة التعليمية للصفوة الأكاديمية Academic elite فإن هناك الاتجاه نحو المدارس الجاذبة Magnet Schools ومدارس الفصل الواحد Multy age School، ومدارس المجتمع Community Schools.

وفى ضوء ذلك اكد تقرير نيودلهى ١٩٩٣ مسارات الصيغة المستقبلية للتعليم الأساسى فى تنمية الطفولة المبكرة، ومشاركة المجتمعات المحلية فى تحسين التعليم الابتدائى

وكذلك التعليم غير النظامي، ودعم الحركة الشعبية للتربية الأساسية للفتيات والنساء، ومشاركة المنظمات غير الحكومية في التربية للجميع، وقد رسم المؤتمر استراتيجية عالمية لعمل مشترك يتيح التحرك للبلدان بشكل حاسم نحو تحقق أهداف التربية للجميع في عدة مجالات، وذات أولوية للعمل على المستوى الوطني والمستوى الإقليمي والعالمي،مع الأخذ في الاعتبار اختلاف الأهمية النسبية لكل مجال والأعمال المحددة من بلد إلى آخر،أو من إقليم إلى آخر، وأن التداخل بين المجالات يجب أن يكون متسقاً مع العمل في المجالات الأخرى، كما ينبغى لكل بلد عند تحديد غاياته وأهدافه،وضع جداول زمنية لتوزيع الأنشطة وتكثيفها.

وبنظرة تحليلية لاستراتيجية التعليم للجميع، نجد أنها صيغة عالمية مستحدثة في مجال التربية، تؤكد على أن لكل إنسان الحق في أن تتاح له فرص للتعليم بغض النظر عن إمكاناته المادية أو قدرته العقلية، كما يلاحظ أنها ليست صيغة توجه اهتمامها لخلق نظام تربوى وتعليمى محدد،ولكن بوجه عام تسعى للتنسيق والترابط بين مختلف نظم التعليم النظامية وغير النظامية والتى توجه إلى جميع فئات المجتمع من أجل أن يحصل كل فرد على فرصته التعليمية. كما حدد الإعلان العالمى مكونات التربية للجميع، وشموليتها لبرامج متنوعة بحيث تتضمن برامج محو الأمية وما بعدها للراشدين والكبار وبرامج التدريب المهني، والتعليم غير النظامى في مجالات الصحة والتغذية والسكان والبيئة والعلوم، والحياة الأسرية، والتنمية الاجتماعية، والاستفادة من جميع أدوات وقنوات الإعلام والاتصال، وتكنولوجيا، ومصادر التعلم المتعددة وما يتطلبه من مشاركات ومساندات وتعزيز للطاقات الوطنية وتبادل المعلومات والخبرات، والتعاون في نطاق السياق الدولي.

ج- اتجاه النظم لتحقيق التربية من أجل السلام: Education for Peace.

ويعتبر هذا الاتجاه تعبيراً دولياً إصلاحيا للانتقال من ثقافة الحروب إلى ثقافة السلام من خلال النظم التعليمية. وقد شهدت السنوات العشرة الأخيرة اهتماماً متزايداً بالتعليم من أجل السلام، ويهدف هذا الاتجاه إلى استكشاف مفاهيم السلام والبحث عن

معوقاته، وحل الصراعات بأساليب تقود إلى عالم أقل عنفاً وأكثر عدلاً، والكشف عن أساليب خاصة لبناء مجتمع عالمي أكثر استقراراً.

وقد تبنت الأمم المتحدة في دورتها الثالثة والخمسين ١٩٩٩ برنامج عمل لثقافة السلام لتحقيق الانتقال من ثقافة الحرب والعنف إلى حضارة السلام واللاعنف،وذلك من خلال برنامج عمل مكون من ستة عشر نقطة منها اهتمام المجتمعات المدنية بتوسيع أنشطة ثقافة السلام، والعمل على تعزيز تلك الثقافة من خلال التربية والتعليم، وتدعيم الاتصالات المشتركة، والتدفق الحر للمعلومات والمعارف، وتشجيع التفاهم والتسامح والترابط.

وبصفة عامة فإن هذا الاتجاه ظهرت آثاره بوضوح في مجال المناهج والمقررات الدراسية حيث اتجهت الإصلاحات التربوية إلى إضفاء البعد الدولي في المقررات المختلفة لتعزيز التفاهم والتعامل والسلام العالمي، وفي ضوء ذلك حرصت اليونسكو والهيئات الدولية على المشاركة في تنظيم المؤتمرات والندوات والحلقات التدريبية،بهدف دمج العناصر الدولية في المناهج، وتحسين أساليب الاتصال، ونقل الخبرات الدولية من أجل معاونة الطلاب على اكتشاف الطرق التي تسهم إلى حد ما في إعدادهم للعيش في مجتمع عالمي وتوافقهم مع المجتمع متعدد الثقافات.

٢- اتجاهات التطوير على المستوى المحلي والمدرسي :

ومن أبرز هذه الاتجاهات ما يلي:

أ- اتجاه إدارة النظم التعليمية نحو الذاتية والتوجه نحو التشاركية واللامركزية :

اتخذت بعض الدول المتقدمة مداخل لتطوير وزيادة فعالية الإدارة المدرسية متأثرة باتجاهات إعادة البناء والتنافسية واهتمامها بالسوق والجودة، وبالحركة العالمية للكفاءة والامتياز، والاتجاه نحو اللامركزية والتشاركية، نوجزها فيما يلي:

(١) مدخل الإدارة المحلية للمدرسة Local Management of School :

الولايات الأمريكية ويطلق عليها مسميات استقلالية المدرسة School Autonomy أو الإدارة القائمة على المدرسة School Based Management أو الإدارة من موقع

المدرسة School- Site Management أو الإدارة الذاتية للمدرسة School Self Management أو التفويض المالى Financial Delegation ويهدف تطبيق الإدارة المحلية للمدرسة لتحقيق تعزيز قوى الأباء فى مجلس إدارة المدرسة على حساب سلطة التعليم المحلية، وتحسين المحاسبة أو المساءلة التعليمية حول استخدام التمويل والموارد، وتحسين كفاءة استخدام الموارد فى خدمة التعليم، وتوزيع أكثر عدالة لاموال الحكومة المقدمة للمدارس، وتحسين جودة التدريس والتعليم ويزيد مدخل الإدارة المحلية للمدرسة من فعالية الإدارة حيث يمنع الفقد والإهدار المالي، لتمكينها للمعلمين والأباء والمواطنين وأصحاب الأعمال فى المشاركة فى صنع القرار فى المدرسة، مما يؤدى إلى المنافسة من أجل الامتياز والتفوق.

(٢) مدخل إعادة البناء التنظيمى للمدرسة Restructuring :

يعتبر هذا المدخل من الاتجاهات الإصلاحية فى أكثر من ثلاثين ولاية بالولايات المتحدة الأمريكية حيث يهدف إلى ما يلي:

- صنع القرار القائم فى مستوى الموقع Site Based Decision Making فيما يتعلق بالميزانية وتطوير المعلمين والمناهج والتعليم
- التوجه نحو السوق Market Driven Orientation على أساس اختيار الأباء للمدرسة واعتبار الأباء والطلاب زبائن المدرسة.
- التحول من استخدام التكنولوجيا فى التدريب البسيط إلى زيادة استخدامها فى تقديم رزمة تعليمية
- التحول من تأكيد التطابق فى التعليم إلى تفهم جديد للمعرفة الإنسانية
- التحول فى المناهج من تأكيد على تغطية نظام واسع من الموضوعات، إلى التأكيد على فهم ومساعدة الطلاب فى بناء المعانى الخاصة بهم.
- تحول من التسلسل الهرمى للسلطة الذى يعكس مختلف مستويات المسئولية داخل التدريس، إلى جماعات من الطلاب متنوعة الحجم.
- التحول من التوجه نحو الأداء فى المحاسبة أو المساءلة التعليمية إلى تقويم الحياة الواقعية للطلاب.

و تسمح إعادة البناء بالاستفادة من الخبرات والكفاءات الموجودة فى المجتمع المحلى للمدرسة.

(٣) مدخل التنظيم الذاتى والمحاسبية Self Regulation and Accountability:

ويمثل هذا الاتجاه نوعاً من التكيف بين التعليم وبيئة المجتمع المحيطة به، لتحسين الإدارة بها، حيث يؤكد على أن المنظمة فى هذا الاتجاه تكون أكثر فعالية وسيطرة على مدخلاتها ومخرجاتها، وأكثر وعيا بأهدافها ومتطلبات السوق، وأكثر توظيفا لمبدأ الحوافز وفى قدرتها على التغيير من خلال مستويات تنظيماتها، ويتضمن المدخل الجديد نظماً جديدة يطلق عليها عقلانية النظام Rationalizing of the System، وسياسة الدمج Merge Policies، وهو ما يترتب علية تغيرات إدارية على المستوى المؤسساتى مثل حوسبة نظم المعلومات، واستخدام التكنولوجيا، ومركزية التخطيط، وإدارة الخدمات، وقد سلكت بعض الجامعات بالولايات المتحدة الأمريكية، وكندا، والمملكة المتحدة هذا الاتجاه، واعتمدت فى تطبيقه على إدارة تنفيذية قوية غير مركزية، كما تتطلب إعادة بناء الوحدات الأساسية وتحويلها إلى جماعات كبيرة والتوجه إلى التخطيط الإستراتيجي.

(٤) مدخل إدارة الجودة الشاملة Total Quality Management:

يعتبر مدخل الجودة الشاملة استراتيجية إدارية تهدف إلى المنافسة والتميز وترتكز على توظيف مواهب العاملين، واستثمار قدراتهم فى مختلف مستويات التنظيم على نحو إبداعى يحقق التحسين المستمر للمؤسسات، مع التركيز على متطلبات وحاجات سوق العمل من خلال قيادة تشاركية، والتخلص من العيوب وبقية الخدمات التى يحتاجها العميل وتوقعاته، وقد بادرت العديد من المناطق التعليمية فى الولايات المتحدة الأمريكية فى تجريب وتطبيق أساليب إدارة الجودة الكلية؛ لأن هذه الأساليب تأخذ فى اهتمامها رغبات المستفيدين وحاجاتهم. وتوجد عدة مداخل لإدارة الجودة الشاملة، وتؤكد جميعها على قيادة الإدارة والتركيز على الزبون، والمشاركة والالتزام نحو التدريب والتعليم والتأكيد على القياس والمراجعة، وكذلك فريق العمل

(٥) مدخل التطوير التنظيمى لتحسين إدارة المنظمات التعليمية:

يمثل التطوير التنظيمى أحد السبل الأساسية للإصلاح والتطوير الذاتى للمؤسسات التعليمية، والتطوير التنظيمى أسلوب تغيير مخطط للخروج من الأزمات الإدارية،والارتقاء بمستوى أداء المنظمات التعليمية، ويقصد به عملية متكاملة تشمل المنظمة كلها، وتتم من خلال تغيير مخطط محكم وتطوير طويل المدى، يستهدف رفع الكفاءة الإنتاجية للأفراد والارتقاء بمستوى أدائهم،وتعظيم فعالية المنظمة وذلك فى إطار الإمكانات البشرية والمادية المتاحة للمنظمة والمناخ التنظيمى والبيئة المحيطة بالمنظمة

ولقد تناولت أدبيات الإدارة مراحل تطوير المنظمات بمرحلة البدء Start-up، مرحلة التحول Transition ثم مرحلة الصيانة أو اكتمال الجوانب المؤسسية Maintenance or Institutionalization ثم مرحلة الآثار أو النتائج Effect or Outcomes كما تناولت أساليب تيسير التطوير التنظيمى بفعالية عالية، وبأقل تكلفة ممكنة، منها تدريب الحساسية Sensitivity Training وأسلوب تدريب المجموعة الصغيرة Group.T. وأسلوب التدريب المنظمى Organizational Training وأسلوب مجموعات الأقران Peer Groups وتمثيل الأدوار Role Playing وتحليل المعاملات والعلاقات Transaction Analysis.

ب- الاتجاه نحو مزيد من الديمقراطية والجودة والتميز وتكافؤ الفرص التعليمية:

فى ضوء اتجاهات التحول الديمقراطى العالمى والهزة العنيفة للاشتراكية فى العالم، والاتجاه نحو القطب الواحد فقد حدث تغير كبير فى سياسات وفلسفة التعليم فى الاتحاد السوفيتى نفسه، فالمواطن الروسى من خلال نظرته الجديدة للحياة يتعلم الآن التقاليد الديمقراطية المتضمنة حرية الرأى والتعبير طالما لا يتعارض مع حقوق الآخرين،وذلك بوضوح فى تأكيد فلسفة التعليم فى روسيا على تنمية الإحساس بالمواطنة Citizenship بما يكفل لكل مواطن أقصى حد من التعليم بحيث يتسم بالمرونة والقابلية للتجديد كما هو واضح فى مبادئ الالتزام الجديدة والأساسية فى سياسة التعليم فى الاتحاد السوفيتى كما يلى :

١- التعليم لبناء الشخصية الإنسانية،وتركيز الاهتمام على القيم الإنسانية العامة.

٢- العمل على إيجاد وحدة ثقافية وتوفير التعليم للجميع.

٣- إقرار ضرائب تعليمية لتمويل التعليم على مستوى الجمهوريات.

٤- الحرية والتعددية فى التعليم.

٥- الإدارة الديمقراطية للتعليم واستقلال مؤسسات التعليم.

وقد أدى التحول الجديد إلى نظام السوق فى نظام التعليم لروسيا الاتحادية إلى إتاحة الفرصة لديمقراطيات أخرى للقطاع الخاص كحق المساهمة فى إنشاء وإدارة المدارس، كما نص قانون التعليم الجديد ١٩٩٢ على أن تتولى الدولة تكاليف التعليم لمن يلتحقون بالتعليم الخاص،والتوجه نحو اللامركزية فى تمويل على أساس مشاركة السلطات المحلية فى تمويل المشروعات التعليمية، كما استندت الاستراتيجية الجديدة للسياسة الأمريكية على مبادئ جديدة تؤكد التوجه نحو مزيد من الديمقراطية فى وثيقتها التعليمية حتى عام (٢٠٠٠م) أن التعليم فرصة وحق للجميع، وأداة لصناعة القوة والتقدم، وأن التربية مسئولة عن إعداد الفرد لحياة المواطنة والمشاركة والديمقراطية، وتنمية الإبداع، والقدرة على التفاعل مع المستقبل المجهول.

ولتحقيق مزيد من الحرية وخلق روح التنافس والتميز العالمى وضعت السلطات التعليمية الأمريكية العديد من البدائل التمويلية لزيادة إيراد التعليم وتحقيق تكافؤ الفرص إيماناً بأنه حق للجميع وكأداة لصناعة الرقى والتقدم تأتى فى مقدمتها ما يلى:

- منح سندات الدعم التعليمية Educational Voucher.
- استقطاع المصروفات المدرسية من ضرائب الدخل الفيدرالية Tax Credits Tuition.
- خصخصة التعليم Privatization of Education.
- إصدار اوراق يانصيب تعليمية Educational Lottery.

وفى هذا الصدد ظهرت اتجاهات إصلاحية فى تنويع مصادر تمويل المؤسسات التعليمية عامة متأثرة باتجاهات الديمقراطية،وتكافؤ الفرص حيث اعتمدت تلك الإصلاحات على اللامركزية والاستقلالية والمحاسبية، واشتراك الطلاب وأولياء أمورهم فى

تكلفة التعليم، والعمل على خفض الضغط الملقى على الحكومات واشتراط هيئات مختلفة تمويله. من تلك الإصلاحات فرض رسوم إضافية على الطلاب كما فى ألمانيا والنمسا، والدنمارك، والسويد، وفرنسا، وإيطاليا، وهولندا، والولايات المتحدة الأمريكية، أو تقديم قروض طلابية تسترد منهم بعض التخرج من دخلهم كما فى كندا، وفرنسا، وألمانيا، كما اتجهت بعض الدول إلى الاعتماد الذاتى على التمويل من خلال طرق متعددة كالعقود البحثية ومراكز الكمبيوتر والمدارس المنتجة.

كما ظهرت فى الآونة الأخيرة عدداً من صيغ الشراكة بين الدولة والمحليات فى تمويل التعليم الأساسى والثانوى "Municipality Partnership" محكومة باتجاه التحول من المركزية إلى اللامركزية،ثم إعادة التوازن بين مركزية صنع القرار التعليمى؛نظراً لعدم قدرة الحكومات على مجاراة الأنظمة وتوسعاتها الأفقية والرأسية السريعة، فقد انتقلت الدولة المتقدمة إلى اللامركزية ثم إلى مواقع وسط بين المركزى واللامركزى على متصل مستمر فى محاولة تحقيق فاعلية وكفاية المؤسسات التعليمية مع الوصول بالعدالة إلى الحد الأقصى لها، وفى ضوء ذلك ظهرت نظام المنح الثابتة "grants Flat"، ثم معونات البرامج الأساسية "Foundation Programs Aid" كمدخل صريح يعتد بالمسئولية المشتركة بين الدولة المحليات فى تمويل التعليم الأساسى،وأخيراً معونات تسوية الموارد Resource Equalization Aid وهو تأكيد لدور الدولة فى معادلة القدرة المالية مع زيادة تحسين دور السلطة التعليمية فى صنع القرار المالى،والبعد عن طريق كلفة الوحدة Unit Cost Method، وأن المحليات لها حق فى تحدى أهدافها التربوية،غير أن اتفاقاتها التعليمية ينبغى أن تكون دالة على ثروة الدولة ككل،وليس دالة على ثروة المنطقة المحلية.

وفى دارسة مقارنة للإصلاحات التربوية فى الولايات المتحدة الأمريكية والمملكة المتحدة واليابان جاءت أهم الاتجاهات الإصلاحية المعاصرة كما يلى:

• الاتجاه نحو الخصخصة فى التعليم والتحول إلى اقتصاديات السوق فى التعليم،مما يتطلبه من توفير بدائل تعليمية متعددة،والنظر إلى المتعلمين باعتبارهم عملاء لهم رغبات ومن حقهم الاختيار.

- التحول إلى نطاق اللامركزية فى إدارة وتمويل التعليم، والتنوع فى فرص التعليم الملائمة لجميع الحالات فى المجتمع وفقا لقدراتهم العقلية والمالية.

- الاتجاه نحو مزيد من الديمقراطية والجودة (التعليم للتميز)، حيث يتسم هذا التحول فى بريطانيا بارتباطه فى ذات الوقت بالرقابة، بينما كان الاهتمام فى اليابان بالفردية أو الشخصية المميزة والتحررية.

- سرعة مواكبة النظم التعليمية – دون قيود على تحسين الفرص التعليمية – مع التغيرات الاقتصادية الاجتماعية، كالاستجابة للتعبير التكنولوجى والمعلومات، والاستجابة لتحديات العولمة، ومتطلبات السوق الدولية الجديدة.

ج‑ اتجاه بنية النظم التعليمية إلى التنوع وربط التعليم بالعمل وزيادة المشاركة المجتمعية:

يشير هذا الاتجاه إلى ربط العملية التربوية بالعمل ومتطلبات الحياة، وإعداد الفرد للتكيف مع مهن ووظائف متنوعة وتطوير قدراتهم باستمرار لتمكنهم من مواكبة التطورات فى أساليب الإنتاج والعمل، وفى ضوء ذلك اهتمت الولايات المتحدة الأمريكية بالتوسع فى برامج ما يسمى Transition room School to work من خلال عرض الشباب لعالم العمل، وبحيث تستخدم مواقع العمل لتعليم طلاب المدارس المهنية أساليب العمل فى فرق، وكذلك الاتجاه نحو تمثيل أدوار الموظفين لاستكشاف الخيارات المهنية لهم، كما دفعت الأزمة الاقتصادية العالمية القادة التربويين إلى التعاون فى خلق جهود مشتركة مع رجال الأعمال لتحسين النظم التعليمية من خلال المشاركات التمويلية والإدارية.

ولقد ظهرت عدة اتجاهات إصلاحية فى بنية التعليم تمثلت فى إعادة هيكلية كل من المدارس والفصول،كانعكاس لمتطلبات التغيرات التكنولوجية المتسارعة والحاجات المجتمعية لربط التعليم بالعمل، وزيادة تكافؤ الفرص التعليمية الخاصة به، ومن تلك التطبيقات الجديدة ما يلى :

(١) المدارس الجاذبة Magnet Schools :

يعد نمط المدارس الجاذبة أحد أنماط الممارسة التربوية الإصلاحية والتى ظهرت كنتيجة لمقابلة الحاجات الناشئة من التغير المتسارع فى المجتمع الحديث والفشل الأكاديمى فى المدارس التقليدية. ويؤكد هذا الاتجاه على أهمية أن تجذب المناهج الطلاب، كما أن أولياء الأمور والآباء والطلاب وأعضاء المجتمع يخططون لتلك البرامج؛لتوفير فرص للطلاب لتبادل المهارات والدروس وخبرات عبر ثقافية متضمنة مناشط التعلم التعاونى Cooperative Learning activities والمناقشة فى جماعات صغيرة Small group discussion والأنشطة اللاصفية والمشروعات الخاصة Extra curricula activities and special projects. ويعتمد التقويم فى هذا الاتجاه على التقدم والجهد، بالإضافة إلى التحصيل، ويمكن كتابته فى صورته النهائية على هيئة تقرير يحوى تعليقات Comments بدلا من التقديرات Grades.

(٢) المدارس المتسارعة Accelerated Schools :

يهدف هذا الاتجاه إلى إجراء تحسينات رئيسية فى المدارس الابتدائية، وخاصة ذات الأعداد الكبيرة من ذوى الاحتياجات الخاصة، حيث يقوم المعلمون بتقسيم الطلاب إلى مجموعات واختيار المواد التعليمية الملائمة لتوقعاتهم،والتأكيد على عملية الإسراع فى التدريس، ومحاولة تقليل خبرات التعلم ذات المستوى المنخفض،التى تؤثر على إنتاجية كثير من الطلاب. وتعتمد المدارس المتسارعة على فكرة تعجيل تعليم التلاميذ،عن طريق تزويدهم بأنشطة تستحثهم على التحدي، وذلك بتحويل كل فصل دراسى إلى بيئة تعلم فعال، يتمكن فيها التلاميذ والمعلمون من التفكير الإبداعي، واستكشاف اهتماماتهم. كما تعتمد على حب الاستطلاع عند الطفل وبناء المعرفة عبر الاستكشافات،وتوضيح الصلات بين الأنشطة المدرسية وجوانب حياتهم المختلفة، مما يتطلب القدرة التفكير التخيلي وحل المشكلات.

(٣) المدارس الفعالة Effectiveness Schools :

ومن الاتجاهات السائدة فى مجال المدارس الفعالة ما يؤكد على أهمية فهم الحياة الواقعية Stressing Real Life Comprehension من قبل كل من التلميذ والمعلم، ومن الاتجاهات ذات الصلة فعالية استخدام التكنولوجيا فى عمليات التدريسUsing Technology to Learn مع منخفضى القدرة على الإنجاز Low Achievers مثل فيديو ديسك وبرامج الكمبيوتر، وقد أثبتت هذه الدراسات فعالية تلك التحسينات فى حل المشكلات المعقدة، وكذلك بالنسبة للواجبات المنزلية فإنها تتناسب فى صعوبتها مع تلك المستويات حتى لا يحدث نوع من الإحباط لهم، وفى كل الأحوال يتم اختيار المادة التعليمية الملائمة لقدرات فهم التلميذ من أجل تحقيق فعالية التدريس والتعلم.

وثمة اتجاه لتحسين فعالية المدرسة عن طريق الاهتمام بفئة الطلاب المعرضين للخطر تعليميا At Risk students، والذين يعانون من انخفاض القدرة على التحصيل Low achievers، والذين يعانون من الاغتراب Alienation وذلك بتطبيق بعض التجديدات التربوية، مثل تعديل المناهج وطريق التعليم لتصبح أكثر دفعاً وأكثر قربا من اهتمامات الطلاب، وتقليل حجم الفصول (الكثافة) لزيادة التواصل بين المعلمين والطلاب،واختيار نوعية من المعلمين قادرين على التعامل مع هذه الفئة، واستخدام التعلم الخبرى المرتبط بواقع الطلاب لزيادة فعالية ومناشط التعلم.

(٤) مدارس النجاح للجميع Success For All Schools:

ويعتبر هذا الاتجاه من أهم الاتجاهات الإصلاحية لتحسين أداء الطلاب غير العاديين (ذوى الاحتياجات الخاصة)،ذلك الاتجاه الذى يرمى إلى مساعدتهم بتوفير تدريس مكثف، بالإضافة إلى المساعدة الأسرية لذويهم فى مرحلة رياض الأطفال والمرحلة الابتدائية، وما يلقونه من مساعدات فردية Individual Help فى فصول صغيرة، كما يؤكد هذا الاتجاه على التعلم التعاونى Cooperative Learning والتعلم بالاتقان Mastery Learning ومما يؤكد هذا المدخل أن نجاح هذه التجربة فى مدارس ذوى الاحتياجات الخاصة يضمن نجاحه فى المدارس العادية.

وبنظرة تحليلية للاتجاهات العالمية المعاصرة في تطوير النظم التعليمية يمكن ملاحظة مواكبتها للمتغيرات العالمية وتأثرها بضغوطها، وتكيفها معها، حيث ظهرت أثار التحولات الديمقراطية في التوجه نحو التربية للجميع، والمشاركة الإيجابية للمجتمع، وتنوع الاختيارات التعليمية، ثم ظهرت أثار التكتلات الاقتصادية في ربط التعليم بالعمل والبحث عن الجودة ومشاركة رجال الأعمال في تحسين التعليم، كما أثرت العوامل التكنولوجية والانفجار المعرفي في ظهور أنماط مستحدثة وأشكال جديدة للنظم التعليمية،ومواكبتها لتلك التغيرات، ولعل الاتجاه نحو السلام والتعلم مدى الحياه أحد التغيرات التعليمية المواكبة للتوجه العالمي نحو الكوكبية وامتزاج العالم في فكر واحد، وبالرغم من تنوع وتعدد الإصلاحات، إلا أنها شملت المستويات الإدارية الثلاث فمنها إصلاحات على المستوى القومي، كالاتجاه نحو السلام والتربية للجميع والتربية المستمرة... وغيرها، ومنها على المستوى المحلي كربط التعليم باحتياجات المجتمع المحلي،وتنويع الاختيارات، ومنها على المستوى المدرسي كالأنماط المستحدثة في مجال إدارة النظم التعليمية كالإدارة المحلية،وإدارة الجودة الشاملة، وإدارة الصراع... وغيرها، إلا أنها بطبيعة الحال اتجاهات إصلاحية - على المستويات الإدارية الثلاث - متداخلة وتكمل بعضها البعض كتعبير عن مواكبة تلك النظم لعالمها الذى تعيش فيه، وما يتطلبه من البحث عن أساليب لإدارة تلك الإصلاحات للحفاظ على استمراريتها ونجاحها.

الفصل الثاني

تطور نظام التعليم في المملكة العربية السعودية والعوامل المؤثرة فيه

الفصل الثاني

تطور نظام التعليم في المملكة العربية السعودية

والعوامل المؤثرة فيه

أولا: الإطار التاريخي لنظام التعليم في المملكة :

يمكن القول إن نظام التعليم السعودي الحديث له ماض طويل وتاريخ قصير. فنشأة نظام التعليم السعودي الحديث يؤرخ له منذ أن أعلن الملك عبدالعزيز تأسيس المملكة العربية السعودية عام ١٣٥١هـ وإنشاء وزارة المعارف عام ١٣٧٣ هـ ، أما ماضيه الطويل فيرتد إلى أعماق بعيدة في التاريخ الإسلامي، ويمكن تتبع المؤسسات التعليمية القائمة في شبه الجزيرة العربية قبل العهد السعودى كمدخل للحديث عن نظام التعليم في المملكة العربية السعودية، وتشمل هذه المؤسسات التعليمية ما يلي :

١- التعليم في المساجد

٢- الكتاتيب

٣- المدارس

١- التعليم في المساجد :

عندما هاجر الرسول صلى الله عليه وسلم الى المدينة أقام مسجده , وأصبح مسجده في المدينة المنورة ثاني مؤسسة تعليمة في الإسلام بعد دار الأرقم ابن الأرقم التي يعتبر أول مؤسسة تعليمية في الاسلام . وعندما فتح الرسول صلى الله عليه وسلم مكة المكرمة بدأ التعليم في الحرم الشريف،فقد عين عليه أفضل الصلاة والسلام معاذ بن جبل ليعلم الناس دينهم الجديد،وقد أصبحت مكة موئلا لرجال الحديث والقراء،وعرفت في القرون الأولى علماء أجلاء من أمثال الصحابي الجليل عبدالله بن عباس وعبدالملك بن جريح،وغيرهم من العلماء الذين تخرج على أيديهم علماء مشاهير،وظل الحرم المكي مبرزًا بعلمائه حتى القرن الرابع الهجري،وكان علماؤه لايتلقون أجراً على التعليم من

الدولة كل منهم يقرر مايريد تعليمه والطالب يختار الدرس الذي يريده،وعندما يختم التلميذ دروس أستاذه يحصل على إجازة منه،تؤهله بدورة للتدريس. وفي القرن الثامن الهجري بدأ بعض الأمراء المسلمين،والتجار الموسرين يقررون دروسًا ويدفعون للأساتذة أجرًا محددًا،فيتصدرون للتدريس في المسجد ويجيبون عن الأسئلة التي تصلهم من أنحاء البلاد الاسلامية .

وفي أخر أيام الدولة العثمانية في الحجاز،وضعت نظام الإجازات العلمية, وهذا النظام يقضي بأن يتقدم كل من يرغب في التدريس بالحرم بطلب إلى قاضي القضاة الذي يعقد في أول أيام العام الهجري لجنةعلمية برئاسته،ويحضرها مفتي الحنابلة ومفتي الشافعية ومفتي المالكية , ويقومون بامتحان الطالب كل يوم في درس أو درسين، فإذا نجح أعطيت له شهادة التدريس بالمسجد الحرام،ويرفع اسمه للحاكم ليجعل له نصيبا من الحنطة ولم تكن الدولة تدفع رواتب إلا لكبار المدرسين.

وعندما دخل الملك عبدالعزيز - رحمه الله - مكة المكرمة عمل على تنظيم هذا النوع من التدريس المفتوح لجميع المسلمين وحدد أهدافه وموضوعاته؛حيث صدر أمر ملكي في ١٥ربيع الثاني عام ١٣٤٥هجري بنظام التدريس العام في المسجد الحرام، وقد نص الأمر الملكي على مايلي . (تشكل لجنة علمية برئاسة سماحة قاضي القضاة الشيخ عبد الله آل بليهد،وعضوية كل من الشيخ كامل القصاب مدير المعارف العمومية، والشيخ بهجت البيطار مدير المعهد السعودي،والشيخ عبد الله حميد السناري مدير مدرسة الفلاح، والشيخ أمين فودة نائب رئيس القضاة، وتدعى هذه اللجنة الهيئة العلمية)، وحسب الأمر الملكي آنف الذكر، فإن مهمة الهيئة هي الإشراف على سير الدروس في الحرم المكي، واختيار الكتب وتعيين الأساتذة الأكفاء، وقد طلب الأمر الملكي المدرسين أن يبينوا أثناء تدريسهم البدع والخرافات التي أدت إلى تأخير المسلمين في الماضي، وحدد الموضوعات التي تدرس به وهي : فقه المذاهب الأربعة, والتوحيد, واللغه العربية, والتفسير, والحديث ثم الوعظ والارشاد.

ويعتبر نظام التدريس في الحرم من أوائل النظم التعليمية التي صدرت في المملكة . وقد أدخل على هذا النظام فيما بعد عدة تعديلات بهدف تطويره، فقد تشكلت هيئة باسم

(هيئة مراقبة المدارس) عام١٣٤٧ هجري، واتبعت هذه الهيئة لرئاسة القضاة التي تشكلت عام ١٣٤٦ هجري، وقد بقى الإشراف على التعليم بالحرم تابعا لرئاسة القضاة حتى عام ١٣٨٥ هجري؛ حيث صدر مرسوم ملكي بربط الدراسة في الحرم المكي بالرئاسة العامة للإشراف الديني التي تشكلت عام ١٣٨٢ هجري،برئاسة سماحة الشيخ عبدالله بن حميد - رحمه الله - وقد قررت الرئاسه العامة للإشراف عام ١٣٨٥ هجري، افتتاح معهد بالمسجد الحرام فانشئ معهد الحرم المكي،وكانت الدراسة فيه نهارًا، ويضم المعهد المرحلة الاعدادية،ومدتها ثلاث سنوات والمرحلة الثانوية ومدتها ثلاث سنوات, ويقبل في الصف الأول من كان حاملاَ الشهادة الابتدائية،أومن ينجح في امتحان معادل في العلوم الدينية واللغة العربية .

٢- الكتاتيب

الكتاب مؤسسة تربوية إسلامية قديمة،عرفتها المجتمعات الإسلامية ووظيفة هذه المؤسسة تشبه ماتقوم به رياض الأطفال والمدارس الابتدائية في العصر الحديث ،وقد اشتهرت مكة المكرمة بكثرة الكتاتيب فيها حيث تشير المصادر أن عدد الكتاتيب في مكة المكرمة في مستهل القرن الرابع الهجري يقدر بحوالي ٤٣ كتابا فيها ١١٥٠ طالبا.،والكتاب يهدف إلى تحفيظ القرآن الكريم كله أو سورة منه،أو جزء أو بعض مبادئ الفقه، إلى جانب تعليم الأطفال مبادئ القراءة والكتابة والحساب.

وقد اعتاد الكتاب أن يقيم احتفالا للتلاميذ عند اختتام دراستهم وكانت هذه الاحتفالات على نوعين : أولهما وهو ماكان يسمى (الاصرافه) وهو احتفال بسيط يقام في الكتاب، ويأتي إليه أهل التلميذ ليستمعوا إلى السورة التى بلغها ابنهم من القرآن الكريم وحينما ينتهي التلميذ من قراءتها يقدم أهله بعض الهدايا للفقيه وتوزع الحلوى على التلاميذ،ويعلن ذلك اليوم إجازة للجميع،أما الاحتفال الثاني فهو ماكان يسمى (الإقلابة) وفيه يلبس التلاميذ أبهى ملابسهم،ويسيرون،وهم ينشدون حتى بيت زميلهم فيستقبلهم ممتطيا جواده،ويسير الموكب في شوارع مكة المكرمة يتقدمهم التلميذ المحتفى به،حاملا لوحة قد كتب عليها اسم السورة التي بلغها ثم يعود الموكب إلى بيت المحتفى به حيث يتناول الجميع الطعام .

وعلى العموم فإن الكتاتيب كانت منتشرة في معظم المدن في نجد والحجاز والاحساء.

٣- المدارس :

عرفت شبة الجزيرة العربية المدارس على مر العصور, ولانستطيع أن نتحدث بالتفصيل عن هذه المدارس القديمة ,لأن الهدف هو وصف الواقع التعليمي عند قيام الدولة السعودية لذا سوف تكتفي فقط بالأشارة إلى المدارس التي تأسست على أسس حديثة قبل ظهور نظام التعليم في المملكة العربية السعودية,ويدخل هذا النوع من المدارس تلك التي أقامها العثمانيون ثم تلك التي افتتحها الحسين بن علي،وأخيرًا مجموعة المدارس الأهلية الخاصة .

أالمدارس العثمانية :

أول مدرسة أنشأها العثمانيون هي المدرسة الرشيدية في مكة المكرمة،وتلتها آخرى تحمل نفس الاسم في جدة،وهناك اشارة الى مدرسة أخرى في المدينة المنورة،وإلى آخرى أنشئت في الأحساء سنة ١٣٢٦ هجري،وكانت المواد التي تدرس فيها هي اللغة التركية،والرياضيات والتاريخ, وكان معظم المدرسين في هذه المدارس من الأتراك وكانوا يلقون دروسهم باللغة العربية كانوا يشرحونها باللغة التركية حتى قواعد اللغة العربية كانوا يشرحونها باللغه التركية، وكان هذا سببًا كافيًا للمواطنين للابتعاد عن هذه المدارس، وعدم الحاق أبنائهم بها.

وقد فسر عمل الأتراك هذا على أنه محاولة لتتريك أبناء العرب، وعلى الرغم من أن الحكومة العثمانية حاولت الأكثار من هذه المدارس، وخاصة مدارس الحلقة الابتدائية إلا أن معظم الأهالي ابتعدوا بأبنائهم عنها , ولم يكن يتعلم فيها إلا أبناء المواطنين الأتراك والمقربين منهم .

ب المدارس الهاشمية :

لم يدم عمر المدارس العثمانية طويلا , فقد ألغاها الحسين بن علي بعد أن ثار الأتراك عام ١٣٣٤هجري وأحل محلها مدارس عربية فأنشأ عددًا من المدارس منها المدرسة الهاشمية الخيرية،ودار العلوم الدينية ، ومدرسة العلوم الشرعية ، والمدارس الحربية ، والمدارس الزراعية

ويرى بعض الباحثين أن هذه المدارس التي أنشأها الحسين بن علي لم تكن راقية في مستواها العلمي (الأكاديمي)،فجريدة (أم القرى) تصفها بأنها كانت (بالكتاتيب أشبه , لا تسمن ولاتغني من جوع) وأن الأسماء الكبيرة التي أطلقت على هذه المدارس لم تكن تطابق الحقيقة، وماهي إلا طلاء لايحوي من ورائه شيئًا.

٤- المدارس الأهلية :

قام عدد من المسلمين قبل العهد السعودي بتأسيس مدارس أهلية قبل العهد السعودي،ولعل من أبرز الأسباب التي دعت هؤلاء المسلمين إلى فكرة افتتاح المدارس الأهلية مالاحظوه من فشل السلطات الرسمية قبل العهد السعودي، في وضع بذور صالحه لنظام متكامل للتعليم , وشعور أبناء الأمة بتفشي الأمية, يضاف الى ذلك محاولة العثمانيين تتريك أبناء العرب،وتدريس القرآن الكريم واللغة العربية باللغة التركية،وهذه العوامل وغيرها دفعت عددًا كبيرًا من أبناء الوطن وإخوانهم من المسلمين إلى التبرع بالمال والأرض والكتب والتعاون على افتتاح مجموعة من المدارس الاهلية التي قامت على أكتاف رواد كبار التعليم, وخرجت أجيالاً مازالت تحمل المسؤلية، وتخدم الوطن في مواضع كثيرة، ومن أقدم المدارس الأهلية التي أنشئت في مكة المكرمة المدرسة الصولتيه التي أنشئت عام ١٢٩٢ هجري، والمدرسة الفخرية العثمانيه ١٢٩٨ هجري، ومدارس الفلاح ١٣٢٣هجري، ومدرسة النجاح الليلية ١٣٥٠ هجري.

ثانيا : التعليم الحديث في المملكة

يمكن تقسيم تطور نظام التعليم الحديث بالمملكة إلى أربعة مراحل أساسية على النحو التالي:

أ-   المرحلة الأولى: مرحلة النشأة والتأسيس (١٣١٩ إلى ١٣٤٤هـ):

البداية الحقيقية للتعليم النظامي بالمملكة كانت في عام١٣٤٤ هـ (١٩٢٥) عندما أنشأت مديرية المعارف العامة؛حيث بدأ الزحف التعليمي الذي شمل مراحل التعليم وأنواعه،إيمانًا من الملك عبد العزيز بأن التنمية بعد توحيد البلاد لا تتم بدون التعليم،وفي عام ١٣٤٦ هـ تم إنشاء مجلس المعارف بالتعاون مع المديرية المذكورة.وضع

أول نظام تعليمي للبلاد لتغيير شكل التعليم الذي كان يعتمد بشكل كبير على الكتاتيب، وبقايا غير مكتملة لمدارس الأتراك والهاشميين، وفي عام ١٣٤٥ هـ تم افتتاح المعهد العلمي السعودي،ومدرسة تحضير البعثات في ١٣٥٥هـ ودار التوحيد في ١٣٦٤هـ،كما أصدرت المديرية عددًا من النظم التعليمية وفي عام ١٣٧٠هـ (١٩٥٠) تأسست الإدارة العامة للمعاهد العلمية. وقد بلغ عدد المدارس التي فتحت في عهد الملك عبد العزيز٣١٢ مدرسة ابتدائية حكومية و١٤ مدرسة ابتدائية أهلية،و١١ مدرسة ثانوية حكومية،و٤ مدارس ثانوية أهلية ومدرسة مهنية واحدة،وثمانية معاهد لأعداد المعلمين،وكلية للمعلمين وكلية للشريعة،وست مدارس لتعليم اللغة الإنجليزية،ومدرسة مسائية واحدة لتعليم الآلة الكاتبة. ويلاحظ أن السمة السائدة لهذه المرحلة هي الإنشاء والتأسيس لهوية جهاز التعليم وتحديد معالم سياسته.

ب- المرحلة الثانية: مرحلة النمو والانتشار (من ١٣٤٤ إلى ١٣٧٣هـ):

في عام ١٣٧٣ هـ (١٩٥٣) تحولت مديرية المعارف إلى وزارة المعارف برئاسة خادم الحرمين الشريفين الملك فهد بن عبد العزيز كأول وزير لها،فقام بتشكيل أول هيكل تنظيمي للوزارة،وأنشأ إدارات وأقساما جديدة. وفي هذه المرحلة بدأت حملة وضخمة للتوسع في فتح المدارس والمعاهد بمختلف فئاتها وأنواعها،كما ظلت ميزانية هذه الوزارة تتزايد وتتوسع حتى أضحت من أهم وزارات الدولة شأنا وأكثرها إنجازًا،وفي هذه المرحلة أيضا تم تأسيس الرئاسة العامة لتعليم البنات عام ١٣٨٠ هـ(١٩٦٠)،ثم تلتها وزارة التعليم العالي في عام ١٣٩٥هـ(١٩٧٥) وأخيرا المؤسسة العامة للتعليم الفني والتدريب المهني في عام ١٤٠٠ هـ (١٩٨٠ م)، وهذه المرحلة تميزت بالنمو الأفقي لكافة أنواع التعليم وعلى مساريه العام والعالي ، كما تميزت بوجود أهداف محددة وضعتها خطط التنمية الوطنية التي زامنت الجزء الثاني من هذه المرحلة (١٣) .

المرحلة الثالثة: مرحلة الانتشار الواسع وتنوع المصادر (١٣٧٣ إلى ١٣٩٠هـ)

في هذه المرحلة بدأت وزارات أخرى وجهات حكومية وأهلية تساهم في الإشراف على بعض أنواع التعليم مثل وزارات:الدفاع والطيران، والداخلية، والصحة، والعمل والشؤون الاجتماعية، والشؤون البلدية والقروية، والحرس الوطني، والبرق والبريد

والهاتف، والخارجية، وكلها تسير حسب السياسة التعليمية التي ترسمها اللجنة العليا للتعليم في المملكة.وقد تميزت هذه المرحلة بتشعب التوسع الأفقي والعمودي في افتتاح المدارس والمعاهد والكليات والجامعات المتخصصة في كل الفروع وفي معظم مناطق المملكة،وعلى عدة محاور تشمل التعليم العام والتعليم العالي والتعليم الفني والتدريب المهني. والحقيقة إنه لا يسع المقام لسرد البيانات الإحصائية حولها. وقد نجم عن هذا التوسع وبهذه الكيفية بعض المشاكل التنظيمية التي استوجبت إنشاء مرجعية موحدة لهذه الجهات المختلفة، فعلى الرغم من مرجعية الوزارات إلى مجلس الوزراء،إلا أن التنسيق بين كل هذه الجهات لتحقيق المواءمة بين متطلبات التنمية من القوى العاملة المدربة،وبين مخرجات هذه الجهات استدعى إنشاء عدد من المجالس التنظيمية كمجلس القوى العاملة ومجلس التعليم العالي واللجنة العليا لسياسة التعليم (١٤).

ب- المرحلة الرابعة: مرحلة المراجعة والتطوير (١٣٩٠هـ حتى الآن)

بعد صدور النظام الأساسي للحكم في عام ١٤١٢هـ،وتوجه الدولة إلى مراجعة كافة أنشطة ومهام الجهات الحكومية، فقد صدرت التوجيهات إلى وزارات الدولة ومنها الأجهزة المعنية بالتعليم لأحداث التغييرات اللازمة للتمشي مع روح النظام المذكور، وقد كان لهذا التوجه أثرًا إيجابيًا على المستوى الدقيق في المناهج والفلسفة العامة لتعليم الفرد،وعلى المستوى العام في الأداء الوظيفي للمعلم والجهاز التربوي. وقد تزامن هذا بطبيعة الحال مع التوجه الدولي للعولمة وثورة المعلومات،والتي استدعت إعادة النظر في أسلوب التعامل مع اكتساب الطالب للمعرفة وطريقة استفادته منها ووسائل تمكينه من التمييز بين الملائم منها للقيم الإسلامية والعربية وتلك التي لا تلائمها. وبناءَ على ذلك،فقد تم إعادة النظر بشكل خاص في التركيبة الهيكلية لوزارتي المعارف والتعليم العالي وتم إيجاد عدد من الوظائف القيادية العليا بهما على مستوى وكلاء وزارة،وذلك لمساعدة الوزراء للقيام بمهامهم وأعباء وزاراتهم بعد التوسع والتخصيص الجديد لمهام هاتين الوزارتين وخصوصا بعد صدور المراسيم المؤسسة لمجلس التعليم العالي ولنظم التعليم العالي والتعليم العام. وقد تميزت هذه المرحلة بتكوين أجهزة تطويرية متخصصة في تلك الوزارات،تعنى بالتطوير والتقويم المستمر.

وقد كان نصيب الوزارتين من هذا التطوير الشيء الكثير، علاوة على إنشاء وحدات متخصصة بهما للتطوير،والمتابعة وإعادة صياغة التعديلات المطلوبة على السياسة التعليمية لكلا الوزارتين من خلال التنسيق مع الجهات المعنية الأخرى عبر مجلس التعليم العالي ومجلس الوزراء. وقد تميزت هذه المرحلة الحالية أيضا بوجود حاجة حقيقية لمراجعة سياسات التعليم من منظور الضرورة الملحة لأعادة النظر في أداء أجهزة التعليم الحالية؛للموائمة بين مخرجات نظام التعليم،والتدريب بالمملكة،ومتطلبات التنمية لعمالة مدربة متخصصة في سوق العمل السعودي.

ومما سبق يمكن تحديد الخصائص المميزة لنظام التعليم في المملكة العربية السعودية فيما يلي:

- انبثاق تاريخ التعليم في المملكة من تراث الإسلام،واعتماده الأساسي على تعليمه ومثله العليا.
- التزام ملوك الدولة بالتعليم واعتباره مسئولية مباشرة يتولاها كل منهم برعايته ويشملها باهتمام خاص متميز.
- التعليم مجاني طوال تاريخه في جميع مراحله وأنواعه وشامل بدون تميز لأفراد الوطن كله.
- بدأ النظام التعليمي نظاماً توضع لبناته على مراحل زمنية متعاقبة ويتم تطويره مع استكمال تجهيزاته معتمداً في ذلك على مجموعة مؤثرة فعالة من المؤسسات التعليمية

ثالثا: العوامل المؤثرة في النظام التعليمي السعودي:

هناك قوى وعوامل ثقافية عديدة مؤثرة في نظام التعليم بالمملكة والتي لعبت دوراً هاماً في تشكيل سياسة التعليم في المملكة **ويمكن تقسيم هذه العوامل إلى عوامل الثقافة المجتمعية والعوامل الجغرافية، والعوامل الاقتصادية، والعوامل السياسية، على النحو التالي:** (فاتن عزازي، ٢٠١٠، وعزة جلال، ٢٠١٠)

١. عوامل الثقافة المجتمعية

وتشمل مجموعة من العوامل مثل: الدين واللغة والتركيب السكاني للمجتمع.

أ- الدين الإسلامي:

يحتل الدين الاسلامي المرتبة الاولى بين القوى المؤثرة في النظام التعليمي السعودي, فقد كان ظهور الاسلام في مكة المكرمة نقطة انطلاق لنمط جديد في التربية يقوم على تعليم القرآن الكريم, واستيعاب مبادئ ومفاهيم العقيدة الإسلامية،وقد حث الدين الإسلامي على طلب العلم والترحال في سبيل العلم منهاج سار عليه السلف الصالح. والسياسة التعليمية في المملكة العربية السعوديه،التي وضعتها اللجنة العليا لسياسة التعليم اشتقت اهدافها واغراضها من الفكر الاسلامي، فالتعليم حق للافراد وواجب تكلفت به الدولة, ومن هنا لاتدخر الدولة وسعًا في إنشاء المؤسسات التعليمية في كافة مراحل التعليم،حتى تتيح الفرص التعليمية لأبنائها .واعتمدت سياسة التعليم تقرير حق الفتاة في التعليم بما يلائم فطرتها،على أن يتم ذلك في ضوء شرعة الاسلام، واللغة العربية لغة الحضارة الاسلامية في مختلف جوانب المعرفة, فاللغه العربية لغة القرآن الكريم،وتتميز اللغة العربية بالثراء والحيوية وصلاحيتها للاشتقاق،ودقتها في التعبير عن الحياة العملية والعقلية والوجدانية بأسلوب جميل،وبلاغة نادرة،وقد حوربت هذه اللغة بأساليب مختلفة،ومع ذلك ظلت إشعاعا يضئ طريق العرب،وكنزًا روحيًا وحضاريًا لاينضب معينه، ولذلك تحرص مؤسسات التعليم على تنمية القدرة اللغوية بشتى الوسائل وتساعد على تذوقها، وادراك نواحي الجمال فيها أسلوبًا وفكرًا، وتضييق الفجوة بين الفصحى والعامية.

وتؤثر الثقافة الاسلامية تأثيرًا واضحًا في محتوى التعليم بالمملكة العربية السعودية ,وهي توضح عظمة الإسلام وسمو قيمته ومبادئه وصلاحيته لسعادة البشر في كل زمان ومكان.

٢. اللغة العربية :

اللغة العربيـة هـى لغـة التعليـم والتـأليف والتخاطـب فى المملكـة ، وقـد شرفهـا اللـــه بـنـزول القــرآن الكــريم بهــا ، وقــد تعهــد اللـــه بحفظهــا فقــال تعــالى " إنــا نحــن نزلنــا الــذكر وإنــا لــه لحــافظون" واللغــة العربيــة مــن اللغــات المهمــة فى العــالم اليــوم ، وهــى لغــة تتميــز بالمرونة والحيوية والاشتقاق ، ويحرص نظام التعلـيم فى المملكـة عـلى تـدريس اللغـة العربيـة

للـنشء في جميـع مراحـل التعليم،وتنميـة قـدراتهم اللغويـة بـشتى الوسـائل مـما يـساعد عـلى تذوقها،وإدراك نواحى الجمال فيها،وتضييق الشقة بين الفصحى والعامية.

٣. التركيب السكاني:

وتمارس العوامل السكانية ضغوطًا معينة على النظام التعليمي السعودي ، ومع أن السلالات السكانية بالمملكة لاتترك أي آثار على النظام التعليمي, إلا أن تعدد العمالة الأجنبية وكثرتها تلقي عبئًا كبيرًا على النظام التعليمي،إذ ينبغي توفير الفرص التعليمية لأبناء الوافدين إلى جانب إعداد المعلمين القادرين على التعامل مع طلاب من ثقافات متعددة أو السماح بإنشاء بعض المدارس الأجنبية للمجموعات الثقافية غير العربية التي ترغب في ذلك.

٤. العوامل الجغرافية :

العوامل الجغرافية هي التي توضح طابع الحياة الاجتماعية والثقافية في ضوء مصادر الحياة،والطبوغرافيا،والسكان،والمناخ،والتربة،والثروات النباتية والحيوانية،والثروة المعدنية وغير ذلك،فتنعكس الطبيعة الجغرافية على أخلاق الفرد وسلوكه ، فالطبيعة السهلة قد تجعل الفرد مسالماً بعكس الطبيعة الجبلية أو الصحراوية التي تكسب سكانها الشجاعة،والميل إلي الجهاد،والنضال،ويؤثر المناخ في الإنتاج وفي تحديد مواقيت العمل ، فالإنتاج يقل عادة في البلاد الحارة ويزيد في البلاد الباردة أو المعتدلة الجو ، كما أن ساعات العمل في البلاد الباردة .

وبمـا أن الـثروة المعدنيـة كـالبترول والفحـم والحديـد وغيرهـا ، تحـدد طبيعـة الأعـمال والمـشروعات المرتبطة بها ، كما أن توافرها له أثره الكبير في رفع مستوي المعيشة ، وبالتالي تنميـة المـوارد البـشرية وتنوع مصادر الدخل . كـما تـؤثر العوامـل الجغرافيـة عـلي المجتمعـات مـن حيـث صـفات الأفـراد وخصائصهم الجسمية، ومن حيث المـسكن والملـبس والغـذاء ومـن حيـث الحـرف و الأعـمال التـي يقومون بها .

الأحمر، وشرقا الخليج العربي، والإمارات العربية المتحدة وقطر، وشـمالا الكويـت والعـراق والأردن، وجنوبا اليمن وسلطنة عمان، وتعتبر قلب العالم..

وتشغل المملكـة العربيـة السـعودية أربعـة أخمـاس شبه جزيـرة العـرب بمساحة تقدر بأكثر مـن ٢.٢٥٠.٠٠٠ كيلومترا مربعا..

ويغلب الجفاف على أراضي البلاد الخاليـة مـن الأنهـار أو المجـاري المائيـة الدائمـة ، وبالرغم مـن أن الوديان الجافة المنتشرة في معظم الأنحاء تفيض بالمياه بعد العواصف المطيرة، إلا أن القيمة الفعليـة للمياه ضعيفة، إما بسبب التبخر أو بسبب التسرب إلى باطن الأرض.

وتشكل الأراضي السعودية مُتحفًا جغرافيًا يشتمل على العديد مـن الأشكال التضاريسية مـن جبال وهضاب،ومخاريط وحرّات بركانية،وأودية عميقة وسهول ساحلية منخفضة،وعروق رملية،وتتكوّن تلك المظاهر الطبيعية من أغلب الصخور المعروفة.

وتوزيع السـكان بالمملكة يختلف مـن جهة إلى أخـرى تبعًا لأنمـاط الحيـاة وتنـوع النـشاطات البشرية،وظروف البيئات المحليـة ومواردهـا الطبيعيـة، فهـم موزعـون بيـن المـدن والقـرى والباديـة بنسب مختلفة.

وتبعاً لاختلاف المناخ تتعدد البيئات فيها ، فهناك البيئة البدوية ، والبيئة الزراعية ، والبيئة الصناعية ، وهذه البيئات تؤثر في برامج التعليم السعودي وفي أنماط المؤسسات التعليمية التي يحتويها النظام ، وتحدد شكل المباني المدرسية وأماكن اختيارها ، وعند التخطيط لنظام التعليم تراعى مؤثرات المناخ والبيئة ومصادر الثروة،ويشير معدل النمو السكاني المرتفع بالسعودية إلى زيادة معدلات الخصوبة، وانخفاض معدلات الوفاة نتيجة التحسن في مجال الرعاية الصحية.

٥. العوامل الاقتصادية:

يُعد الاقتصاد من أهم القوى التي تؤثر على نظام التعليم في شتى بلدان العالم، ولقد أثرت أوضاع المملكة الاقتصادية على نظامها التعليمي. ويأتي البترول في مقدمة العوامل الاقتصادية التي تؤثر في النظام التعليمي السعودي. وقد ساعدت الموارد النفطية على دعم النظام التعليمي،والتوسع في مؤسساته، وزيادة حجم الكوادر الوطنية وغير الوطنية اللازمة لتوفير الفرص التعليمية للمواطنين. وتؤثر خطط التنمية المختلفة التي تنفذها المملكة تأثيرا مباشرا في التعليم،لارتباط التنمية والتربية من ناحية،ولحاجة خطط التنمية إلى القوى البشرية المدربة القادرة على تحقيق أهداف التنمية من ناحية اخرى.

٦. العوامل السياسية

تؤثر السياسات التي تتبعها المملكة العربية السعودية في الدوائر الثلاث التي تمثل محاور اهتمامها في النظام التعليمي السعودي ، وتتمثل فيما يلي :

- **المحور الأول في الأمة الإسلامية** : وينعكس هذا في محاولة بناء تعليم إسلامي يسير وفق برامج عصرية متكورة تتمشى مع روح العصر الحديث في ضوء ما تسمح به تعاليم الشريعة الاسلامية .

- **المحور الثاني ويتمثل في الأمة العربية** : وينعكس أيضا في تأثر نظام التعليم السعودي بالمعاهدات الثقافية العربية وتطبيق ما يتخذ من قرارات وتوصيات في مؤتمرات وزارة التربية العرب التي تخص تنظيم التعليم وتطويره .

- **المحور الثالث ويتمثل في دول مجلس لدول الخليج العربي :** حيث تلعب المملكة دورًا بارزًا في دعم مجلس التعاون لدول الخليج العربي ، ولذلك فإن نظامها التعليمي يبادر بالاستجابة لقرارات وتوصيات وزراء التربية والتعليم والمعارف لدول مجلس التعاون الخليجي .

وتتضمن خطة التنمية الرابعة فى المملكة العربية السعودية فرصاً جيدة لتغيير نمط العمالة ولتقوية وضع العمالة السعودية، لأول مرة منذ الخطة الأولى عندما بدأت مرحلة التنمية السريعة ستنخفض نسبة العمالة الأجنبية من مجمل القوى العاملة، وسيستوعب الاقتصاد الوطنى المزيد من العمالة السعودية، ولتحقيق هذا الهدف إشارات أشارت الخطة الرابعة إلى أنه لابد من تحقيق زيادة فى الإنتاجية , وان تكون الدوافع عالية لدى السعوديين , وأن تتجاوب نظم التدريب مع احتياجات سوق العمل.

الفصل الثالث

سياسة التعليم بالمملكة العربية السعودية

الفصل الثالث

سياسة التعليم بالمملكة العربية السعودية

أولا: مفهوم السياسة التعليمية

تمثل السياسة التعليمية العنصر المحرك لأي نظام التعليمي،والذي يوجه مساراته ويضبط عمله وأدائه، والنظام التعليمي الذي لا توجد له سياسة يفتقد المنهج في العمل؛ نظراً لغياب الإطار الذي يحكم هذا النظام ويوجه أدائه.

والسياسة التعليمية هى جزء من السياسة العامة لأي دولة، وهي عبارة عن مجموعة المبادئ والأسس والمعايير التى تحكم نشاط التعليم وتوجه حركته من خلال التحكم فى عملية اتخاذ القرارات. وتتعدد تعريفات السياسة التعليمية ومن أهمها ما يلي:

- "المبادئ والاتجاهات العامة التي تضعها السلطات التعليمية لتوجيه العمل بالأجهزة التعليمية في المستويات المختلفة عند اتخاذ قراراتها ، وهي تعنى أيضاً حكم مشتق من بعض الأنساق القيمية ومن تقييم الوضع القائم في المؤسسات التعليمية،لاستخدامه كخطة عامة توجه القرارات مع الأخذ في الاعتبار وسائل إحراز الأهداف التعليمية".

- مجموعة المبادئ والقرارات التى تستمد من نظام محدد للقيم بمستوياتها المختلفة، ومن استشراف النتائج والآثار المختلفة للقرارات، وبناء عليه يجب تحديد الإجراءات التى ينبغى للحكومة أن تأخذ بها من أجل التأثير فى الواقع،ويتم تنفيذ هذه المبادئ والقرارات وما يتبعها من إجراءات كخطة عامة لتوجيه القرارات المتصلة بوسائل تحقيق الأهداف المرغوبة.

- " تفكير منظم يوجه الأنشطة والمشروعات في ميدان التربية والتعليم، والتي يراها واضعوا السياسة التعليمية كفيلة بتحقيق الطموحات التي يتطلع المجتمع والأفراد إلى تحقيقها في ضوء الظروف والإمكانات المتاحة ".

- " مجموعة من الأهداف والمبادئ الشاملة والمتكاملة التي ينبغي أن تكون محوراً لحركة الفعل في مجال التعليم - باعتبارها سياسة وزارة - على مدى زمني يتيح إمكانية تحقيق تلك الأهداف في حدود ما تضمنته من مبادئ، وفي ضوء ما حددته من

معايير للتقويم والحكم مع اتسامها بالمرونة لتتيح إمكانية التعديل وليس النقض، في حالة الضرورة مع مراعاة العوامل المؤثرة في عمليات صنع وصياغة السياسة التعليمية ، سواء كانت عوامل تاريخية وثقافية أم فلسفية ، أم مرتبطة بغايات سياسية معينة، أم بالطموحات الجماهيرية ، أم بالإمكانات المتاحة ، والأخذ في الاعتبار القوي السياسية الرسمية وغير الرسمية- سواء في الداخل أم في الخارج- والتي تؤثر بشكل مباشر وغير مباشر في السياسة التعليمية صياغة وتنفيذا وتقويماً.

- هى مجموعة أو سلسلة من القرارات تتعلق بمجال معين كالتعليم أو الصحة أو الدفاع، فعند اتخاذ الدولة سياسة تعليمية هدفها خلق قاعدة فنية وتكنولوجية يمكن تحقيق جملة القرارات لتحقيق هذا الهدف مثل إنشاء المدارس والمعاهد الفنية وعقد الدورات التدريبية، وإرسال البعثات الخارجية....الخ ويرتبط مفهوم السياسة بالسلطة الحكومية، فالسياسة العامة هى برنامج عمل لسلطة عامة أو لعدة سلطات حكومية.

ومما سبق يمكن القول أن السياسة التعليمية هى ذلك الجانب من السياسة العامة المرتبط بالنظام التعليمي للدولة، وهي عبارة عن مجموعة المبادئ والأسس والمعايير التى تحكم نشاط نظام التعليم، وتوجه حركته من أجل تحقيق الطموحات التعليمية للمجتمع والأفراد، في ضوء الظروف والإمكانات المتاحة.

ثانيا : مصادر السياسة التعليمية بالمجتمع السعودي

تعد الفلسفة العامة للمجتمع مصدر السياسة التعليمية،الذى تستمد منه سماتها وتوجهاتها ، وبما أن فلسفة أو سياسة النظام التربوى تمثل جزءاً لا يتجزأ من الفلسفة العامة للمجتمع ، فإن هذه السياسة التعليمية تمثل الرؤية الفكرية والنظرة الشاملة المتكاملة التى تستند إليها الأهداف العامة التى توجه النظام التعليمى كله . وعلى هذا ، فإن سياسة أى نظام تعليمى ينبغى أن تنبثق وتتشكل من المصادر الآتية : طبيعة المجتمع ، وطبيعة الإنسان ، وطبيعة العصر ، والمفاهيم التربوية السائدة . وهذه المصادر تمثل – فى الوقت ذاته – مصادر لاشتقاق الأهداف العامة للنظم التربوية على اختلاف أنواعها وبيئاتها وفيما يلى فكرة موجزة عن كل مصدر من هذه المصادر الأربعة :

١- طبيعة المجتمع :

معلوم بداهة أن لكل مجتمع من المجتمعات البشرية عقيدته وعاداته وثقافاته وأفكاره وطموحاته ومشكلاته ، أى له خصائص وطبيعة تميزه عن غيره ، وقد يشترك معه مجتمع آخر فى خاصية واحدة أو بعض الخصائص بحكم تأثره به أو قربه منه ، ولكن يبقى أن لكل مجتمع طبيعة خاصة وثقافة مميزة اكتسبها عبر تاريخه الطويل ، وهى التى تحقق له التقدم والرقى باستمرار ، وذلك لأن كل جيل من أجيال المجتمع المتتابعة عبر الزمن لا يبدأ حياته من الصفر ، بل يبدأ من حيث انتهى الجيل الذى قبله من هناك جاءت فكرة المجتمع لإنشاء مؤسسات تربوية ، يكون من بين وظائفها نقل التراث الثقافى للمجتمع من جيل إلى جيل ، كى يستفيد من خبرات أسلافه ، ويضيف إليها ، وينمو بها ، ويبدع من خلالها ، وبذلك تتشكل حضارة المجتمع وتتسع خبرته وثقافته جيلاً بعد آخر ، ومن ثم يأتى الفرق بين الإنسان والحيوان ، فكما هو مشاهد فإن مجتمع الحيوان مجتمع ثابت فى مكانه منذ نشأته الأولى إلى يومنا هذا : إذ لم نسمع أو نشاهد حيواناً معيناً شاد لنفسه حضارة أو بنى مؤسسة تربوية. لهذا لا يعقل أن يقوم نظام ناجح دون ثوابت ثقافية ، وبُنى تحتية محملة بتراث ضخم من العادات والتقاليد والأفكار والقيم والمعتقدات ، تلك التى تشكل هذا النظام ، وتحدد إطاره السياسى وترسم رؤيته للكون والحياة والإنسان .

وبانتقالنا إلى المجتمع السعودى المسلم ودراسته نستطيع أن نتبين كثيراً من خصائصه العامة ونواحى القوة المتوافرة فى بيئته بوصفه مجتمعاً مسلماً ، يمكن أن يكون نموذجاً طيباً لكثير من المجتمعات الأخرى . ومن الجوانب الإيجابية فى المجتمع السعودى ما يلى :

- الاحتفاظ بكثير من المعتقدات والتصورات والمفاهيم والقيم الإسلامية الكامنة التى يمكن استنهاضها بسهولة ويسر .
- الاحتفاظ بمعايير السلوك والتعامل وأسس بناء العلاقات فى الإسلام، والتى لا زالت تلتزمها مجموعات كبيرة .

- إيمانه العميق بالنظام الاجتماعى الإسلامى ، مع الحرص على ألا يتحول الإسلام فيه ليحكم الشكل فقط ، وإنما لابد أن يتعمق إلى الجوهر .
- تأثير العقيدة الإسلامية فى توليد المشاعر ، وتزكية الآمال ، وحفز الطموحات ، والاستعداد للتضحية بالنفس والجهد والمال لتحقيق المثال الإسلامى الأعلى فى مختلف جوانب الحياة .
- اهتمامه بالتربية كوسيلة للارتقاء بأجياله وتجنبهم المشكلات والمصاعب والأزمات التى صاحبت حياته ، وتمكينهم من تجاوزها.
- امتلاكه لكثير من مقومات القوة المادية من خيرات وثروات ومصادر طاقة متنوعة متجددة وغير متجددة – لازال معظمها غير مستثمر .

وعلى هذا لابد للسياسة التعليمية فى المملكة من أن تتخذ من واقع المجتمع السعودى مصدراً لمكونات بنائها ، الأمر الذى يوجب على القائمين عليها ، عدم الاعتماد على المعلومات الجاهزة ، المعدة مسبقاً، وإنما على دراسات واقعية موضوعية يقوم بها مختصون حتى يمكن الوثوق بها والبناء عليها .

٢- طبيعة الإنسان :

يرى علماء النفس والاجتماع أن الطبيعة الإنسانية طبيعة مرنة ومطاوعة وغير جامدة ، وقابلة للتعليم والتكيف ، ولكنها – فى الوقت نفسه – طبيعة معقدة ومتعددة الجوانب ، وليس من السهل سبر أغوارها ، وهى تتفاوت بتفاوت الناس ، وتختلف باختلافهم ، وهذا يعنى مراعاة الفروق الفردية بين الناس ، أى يجب أن يُنظر إلى تربية الأفراد فى هذا الإطار ، فكل متعلم فريد فى ذاته ، ويختلف عن الآخرين ، وعلى هذا ينبغى على التربويين العمل على اكتشاف الموهوبين والعناية بتربيتهم ، واكتشاف المتخلفين أيضاً والعناية بهم ، وكذلك بالمتوسطين ، وتنمية كل منهم إلى أقصى ما تسمح به استعداداته وقدراته .

وفى سياق هذا الفهم العام لطبيعة الإنسان المتفرد ينبغى على أى نظام تعليمى أن يراعى الخصائص التالية :

- يشترك المتعلم بطبيعته مع غيره من المتعلمين فى خصائص عامة بصفته إنساناً ، ويختلف فى أخرى بصفته كياناً قائماً بذاته .

- يشمل نمو الفرد جميع جوانبه : الجسمية والعقلية والاجتماعية والانفعالية ، ويؤثر كل جانب من هذه الجوانب فى غيره ، ويتأثر به ، لهذا ينبغى مراعاة جميع جوانب النمو لدى المتعلم.

- ثمة عوامل تؤثر فى نمو الفرد مثل الوراثة ، والرعاية الصحية ، والبيئة الاجتماعية ونحو ذلك .

- نمو الفرد عملية مستمرة ومتكاملة ، ويختلف النمو من فرد إلى آخر، وله - فى الوقت ذاته - مراحل متداخلة ومتميزة ، ولكل مرحلة خصائص وسمات .

- لكل فرد حاجاته ومطالبه الخاصة التى ينبغى مراعاتها عند صياغة الأهداف ووضع المناهج الدراسية .

- إنه عصر إشكالية التكامل بين العلم والعمل والفكر والتطبيق. إنه عصر متغير لا يثبت على شىء ، وإنما الثابت الوحيد فى هذا العصر هو التغير نفسه .

- إن هذا العصر بواقعه الذى نعيشه ينبغى أن يستثير هممنا وأفكارنا وعقولنا ، وأن يستنهض قدراتنا على التحدى ، وأن نحشد جميع طاقاتنا المادية والبشرية لكسر أصفاد التكنولوجيا لا يحل لأمتنا الإسلامية مشكلاتها ، وإنما الذى يحلها حلاً حذرياً هو إنتاج احتياجاتها بأيدى أبنائنا .

- لكل متعلم ميوله واستعداداته واتجاهاته وقدراته ، وعلى كل نظام تربوى تنويع مجالات خبراته التى يقمها للمتعلمين لمقابلة تلك الخصائص ، إلا قَسَرَ متعلميه على نمط واحد ، ووضعهم فى قالب واحد .

هذه خصائص الإنسان بصفة عامة ، إلا أن المكونات المعنوية للإنسان المسلم من اعتقاد وتصور وتقوى وقيم عليا وأخلاق فُضلى وسلوك قويم تُعَدّ مميزات ذاتية له ، بحيث تكون دافعاً لتحريك خصائصه ونوازعه نحو الخير وضبطها من التردى فى الشر . وهذا يعنى أن السياسة التعليمية فى بلد مسلم كالمملكة العربية السعودية ينبغى أن تنطلق من أمرين اثنين :

- المعتقدات والتصورات والقيم الأخلاقية الإسلامية ، وتنمية استيعاب الفرد السعودى المسلم لها ، واستلهامه إياها فى حياته كلها ، بما ينمى لديه تعشق أمثلة الخير والصلاح والحق والعدل وغيرها ، وطبع سلوكه فى الحياة بطابعها ، وإيجاد نماذج ورموز حية معاصرة لهذه القيم ، بما ييسر الاقتداء والتأسى بها .

- استيعاب العلوم المتقدمة والمتعلقة بالإنسان ، بكل نوعياتها ومستوياتها وآلياتها وأدواتها ، وانتقاء ما يصلح منها للفرد المسلم ، ثم الانعتاق من نسقها ، وإنتاج مفاهيم ومصطلحات وآليات وتطبيقات جديدة ، تتوافق مع النسق الإسلامى ، ومع مستوى الفكر العالمى فى إنتاج النماذج المعاصرة .

وبالأخذ بهذين الاتجاهين ، تستطيع السياسة التعليمية فى المملكة ، أن تحدد أهداف الأمة الكبرى المتوخاة من التربية ، وأن ترسم نموذج الحياة الأسمى الذى تستهدفه بوعى وبصيرة ودراية ، فلا تبنى قصوراً فى الهواء ، وإنما تستند إلى أساس متين قوامه طبيعة الإنسان الذى تقوم بتوجيه تربيته .

٣- طبيعة العصر :

من المصادر المهمة لأى نظام تربوى مراعاة طبيعة العصر وخصائصه واتجاهاته : ذلك لأن هذا يؤثر فى سلوك أفراده ، بل وفى طريقة حياة المجتمع بأسره ، وفى أسلوب تفكير أفراد هذا المجتمع ، مما ينعكس على أسلوب التربية وفلسفتها فى هذا المجتمع .

وبالجملة يمكن رصد أهم التطورات العالمية المعاصرة التى يمكن أن تعكس طبيعة هذا العصر على النحو التالى :

- السرعة الفائقة للتغيرات التى تحدث فى مختلف جوانب الحياة المعاصرة .

- الاتجاه إلى تكوين كيانات بشرية كبرى تملك القدرة على التأثير فى الاقتصاد العالمى مثل:الوحدة الأوربية ،وتجمع جنوب شرق آسيا ، وتجمع أمريكا وكندا والمكسيك .

- الاتجاه نحو سيطرة الدول المتقدمة على العالم النامي اقتصادياً واجتماعياً وسياسياً وتربوياً من خلال عولمة بعض المبادىء والعلاقات مثل : اتفاقية التجارة العالمية ، وحقوق الإنسان والديمقراطية ، وشئون الطفل والمرأة .

- استخدام المعونات والقروض التى تمنحها الدول المتقدمة للدول النامية وسيلة لتوجيه حركة المجتمعات الفقيرة المتلقية .

- خضوع قرارات المنظمات الدولية وعلى رأسها الأمم المتحدة – فى كثير من الأحيان – لمصالح الدول الكبرى ، الأمر الذى يؤثر سلباً على مصداقية هذه المنظمات وعلى مصالح الدول الصغرى فى الوقت نفسه .

- الاتجاه فى النظم السياسية نحو النظام الديمقراطى وفى النظم الاقتصادية نحو النظام الرأسمالى ، وتكوين كيانات اقتصادية عابرة للقارات .

- تشجيع المشاركة الشعبية فى اتخاذ القرارات وازاحة العقبات التى تحد من مشاركة الجماهير أو تحجيمها .

- استمرار اتساع الفجوة الحضارية بين الدول المتقدمة والدول النامية.

- اختلاط الثقافات والحضارات وشحوب الهوية القومية ، والتحول إلى العصر الكونى وضعف السيادة الإقليمية والوطنية.

- استخدام البث المباشر وبخاصة (الإنترنت) فى الغزو التربوى والثقافى للدول ، وبخاصة الدول النامية .

- حسن استثمار الطاقة البشرية فى المجتمع إلى أقصى حد ، إذ أصبح هذا من عوامل السبق فى ركب التقدم .

- اتباع سياسة علمية وتقنية ترتكز على تشجيع الابتكار والتقنية الإنتاجية ، أكثر مما تركز على النقل والاستيراد والتقنية الاستهلاكية .

- الاعتماد على التعليم والبحث العلمى والتقنية فى تنمية المجتمعات ، حتى أصبح التقدم فى هذه المجالات من العوامل الفارقة بشدة بالنسبة لمدى تقدم المجتمعات أو تخلفها .

- تحقيق مزيد من التكامل بين مؤسسات الإعلام ومؤسسات التعليم والتنسيق بينهما من ناحية ، ومؤسسات المجتمع من ناحية أخرى لضمان التناغم فى دعم اتجاهات المجتمع وقيم التحديث.

٤- المفاهيم التربوية السائدة :

تتأثر سياسة النظام التعليمى أيضاً بالمفاهيم التربوية التى يؤمن بها القائمون على وضع هذه السياسة ، إذ غالباً ما يحاولون تطبيق أفكارهم التربوية ونظرياتهم النفسية على أرض الواقع .

وحقيقة الأمر أن التربية لها جانبان : أحدهما نفسى ، والآخر اجتماعى، لا يمكن فصل أحدهما عن الآخر ، فكل واحد منهما يكمل الآخر ز لذلك كان لابد للتربية المعتدلة أن تبدأ بالنظر إلى قدرات المتعلم وميوله واهتماماته ، وتفسرها فى إطارها الاجتماعى ، وفى المقابل فإن التربية تحلق فى فضاء التنظير،وتبتعد عن الحياة والواقع تجنح دائماً إلى المبدأ الأساسى الذى يجعل من المدرسة صورة صادقة للحياة الاجتماعية،التى يعيشها المتعلم بكل تفاصيلها ، وليست برجاً عاجياً أو مدينة فاضلة منفصلة عن الواقع ، نائية عن حياة المجتمع ومشكلاته ، وعلى هذا النحو تؤثر المفاهيم التربوية السائدة فى سياسة النظام التعليمى بكل ما يتضمنه من أهداف وخطط ومناهج وأساليب .

ومن ناحية أخرى لابد لسياسة التعليم أن تدرك أن العملية التربوية علاوة على ما ذكرنا – لم تعد بتلك البساطة التى كانت عليها فى القرن الماضى ، فقد أصبحت لها نماذجها الفكرية المتكاملة والمترابطة عضوياً ، ولها نظرياتها ومختبراتها ومدارسها التطبيقية ، ولها تجاربها وخبراتها وممارساتها التى أثبتت جدواها على أرض الواقع فغذت مسلمات تربوية .

وهكذا نجد أن هذه المصادر الأربعة : طبيعة المجتمع ، والطبيعة الإنسانية، وطبيعة العصر ، والمفاهيم التربوية السائدة ، تؤثر تأثيراً ملحوظاً فى سياسة النظام التعليمى بكافة عناصره ومكوناته .

ثالثا: ملامح السياسة التعليمية في المملكة ومبادئها

تبرز أهمية وجود سياسة تعليمية تحدد غايات التعليم وأهدافه من ضرورة تحديد المسارات والمسالك التي ينبغي أن تسير فيها عملية التربية بأنماطها المختلفة، لهذا فهي تمثل أرضية مشتركة لجميع المشتغلين في الميدان التربوي، بحيث ينطلقون منها في وضع الخطط وبناء البرامج التي تكفل بناء شخصية الفرد، وفق معتقدات المجتمع وقيمه وأماله. وتتضح أهمية وجود سياسة تعليمية عندما تثار أسئلة منها؟ ماذا نعلم؟ ولماذا نعلم ؟ وكيف نعلم ؟ وذلك عند تخطيطنا لدعم جهود الأمة في الحفاظ على كيانها المعنوي بما يمثله من عقيدة، وكيانها المادي بما يمثله من بشر يسعون إلى دفع عجلة نموها ونقلمها . وقد أدركت المملكة العربية السعودية أهمية وجود سياسة عامة للتربية تنبثق من الإسلام الذي تدين به فكراً ومنهجاً وتطبيقاً، حيث أصدرت في عام1390 هـ/١٩٧٠م وثيقة سياسة التعلم في المملكة العربية السعودية " شرحت فيها الأسس العامة التي يقوم عليها التعليم، وحددت غاياته وأهدافه، وفصلت أهداف المراحل التعليمية، وأبانت أهمية رعاية النشء وغرس العقيدة الإسلامية في نفوسهم، وتزويدهم بالقيم والتعاليم الإسلامية والمثل العليا، كي يكونوا لبنات صالحة في بناء المجتمع، وقد أكد ذلك أيضاً النظام الأساسي للحكم. والسياسة التعليمية في المملكة العربية السعودية تنبثق من الإسلام الذي تدين به الأمة عقيدة وعبادة وخلقا وشريعة وحكما ونظاما متكاملا للحياة ، وهي جزء أساسي من السياسة العامة للدولة.

وتعد وثيقة سياسة التعليم بالمملكة من أعظم الإنجازات التربوية فى المملكة، فهي الوثيقة الرسمية التي تتضمن رؤية المجتمع السعودي وتطلعلته المنشودة ،وتتضمن وثيقة سياسة التعليم فى المملكة ٢٣٦ بنداً تنضوى تحت تسعة أبواب هي كالتالي :

- الأسس العامة التى يقوم عليها التعليم .
- غاية التعليم وأهدافه العامة .
- أهداف مراحل التعليم .
- والتخطيط لمراحل التعليم .

- أحكام خاصة .
- وسائل التربية والتعليم .
- نشر العلم .
- تمويل التعليم .
- أحكام عامة .

وتسعى سياسة التعليم من خلال هذه الوثيقة فى مجملها إلى ترسيخ عدداً من المبادئ الأساسية التي أهمها " المبدأ الإيمانى والإنسانى ، والمبدأ التنموى ،والديمقراطى ،والعلمى ، ومبدأ التربية الإنسانية ، والتربية للعمل والقوة والبناء ،ومبدأ التربية المتكاملة المستمرة ،ومبدأ التربية للحياة الذى يؤكد اعتماد التربية على خبرات إنسانية من واقع الحياة ".

ووثيقة سياسة التعليم فى المملكة بما احتوت عليه من مبادىء وأسس عامة وغايات وأهداف،تعد شاملة ومتكاملة لتحقق مطالب النمو والتنمية للفترة الحالية والمستقبلية ، لأنها صيغت فى عبارات شاملة مقننة تستوعب – فى مجملها – الماضى وحركة الحاضر وتطلعات المستقبل، كما تجمع بين الأصالة والتجديد .

هذه الجوانب تتضمن (الأسس العامة التى يقوم عليها التعليم ، غاية التعليم وأهدافه العامة) حيث ترسم أهم ملامح الهوية العربية الإسلامية، أما ما يخص الوسائل والتنظيم فى هذه الوثيقة فهو محل نظر، ولا بأس من تجاوز تنظيم أو وسيلة. إلى تنظيم أو وسيلة تحقق الهدف بطريقة أفضل.

ولعله من الأفضل في هذا السياق التعرض لبعض البنود الخاصة التي تضمنتها تلك الوثيقة والتي تم تحديد من خلالها المبادئ التي يقوم على هديها النظام التعليمي بالمملكة وذلك على النحو التالي :

- الايمان بالله رباً، وبالاسلام ديناً، وبمحمد (صلى الله عليه وسلم) نبياً ورسولاً .
- التصور الإسلامي الكامل للكون والإنسان والحياة وأن الوجود كله خاضع لما سنه الله تعالى ليقوم كل مخلوق بوظيفته دون خلل أو اضطراب.
- الحياة الدنيا مرحلة إنتاج وعمل، يستثمر فيها المسلم طاقاته عن إيمان وهدى للحياة

الأبدية الخالدة في الدارة الآخرة، فاليوم عمل ولا حساب ، وغداً حساب بلا عمل.

- الرسالة المحمدية هي المنهج الأقوم للحياة الفاضلة، التي تحقق السعادة لبني الإنسان، وتنقذ البشرية مما تردت فيه من جهد وشقاء.

- المثل العليا التي جاء بها الإسلام لقيام حضارة إنسانية، رشيدة بناءة.

- طلب العلم فريضة على كل فرد بحكم الإسلام، وتيسره في المراحل المختلفة واجب على الدولة بقدر وسعها وإمكانياتها

- الإيمان بالكرامة الإنسانية التي قررها القرآن الكريم ، وأناط بها القيام بأمانة الله في الأرض ﴿وَلَقَدْ كَرَّمْنَا بَنِي آدَمَ وَحَمَلْنَاهُمْ فِي الْبَرِّ وَالْبَحْرِ وَرَزَقْنَاهُم مِّنَ الطَّيِّبَاتِ وَفَضَّلْنَاهُمْ عَلَى كَثِيرٍ مِّمَّنْ خَلَقْنَا تَفْضِيلاً﴾ [الإسراء : ٧٠]

- العلوم الدينية أساسية في جميع سنوات التعليم (الابتدائي ، والمتوسط ، والثانوي بفروعه) ، والثقافة الإسلامية مادة أساسية في جميع سنوات التعليم العالي.

- تقدير حق الفتاة في التعليم بما يلائم فطرتها وبعدها لمهمتها في الحياة على أن يتم هذا بحشمة ووقار، وفي ضوء شريعة الإسلام فإن النساء شقائق الرجال.

- الارتباط الوثيق بتاريخ أمتنا وحضارة ديننا الإسلامي، والإفادة من سير أسلافنا ليكون ذلك نبراساً لنا في حاضرنا ومستقبلنا.

- التناسق المنسجم مع العلم والمنهجية التطبيقية (التقنية) باعتبارها من أهم وسائل التنمية الثقافية والاجتماعية والاقتصادية والصحية لرفع مستوى أمتنا وبلادنا، والقيام بدورنا في التقدم الثقافي العالمي.

- الثقافة الكاملة بمقومات الأمة الإسلامية ، وأنها خير أمة أخرجت للناس، والإيمان بوحدتها على اختلاف أجناسها وألوانها ، وتبين وبارها ﴿إِنَّ هَـٰذِهِ أُمَّتُكُمْ أُمَّةً وَاحِدَةً وَأَنَا رَبُّكُمْ فَاعْبُدُونِ﴾ [الأنبياء : ٩٢].

- التضامن الإسلامي في سبيل جمع كلمة المسلمين وتعاونهم ودرء الأخطار عنهم.

- النصح المتبادل بين الراعي والرعية بما يكفل الحقوق والواجبات ، وينمي الولاء والإخلاص.

- شخصية المملكة العربية السعودية متميزة بما خصها الله به من حراسة مقدسات

الإسلام، وحفاظها على مهبط الوحي، واتخاذها الإسلام عقيدة، وعبادة وشريعة، ودستور حياة، واستشعارها مسئوليتها العظيمة في قيادة البشرية بالإسلام وهدايتها إلى الخير.

- الأصل هو أن اللغة العربية لغة التعليم في كل مواده وجميع مراحله إلا ما اقتضت الضرورة تعليمه بلغة أخرى.

- القوة في أسمى صورة وأشمل معانيها: قوة العقيدة، وقوة الخلق، وقوة الجسم، [فالمؤمن القوي خير وأحب على الله من المؤمن الضعيف وفي كل خير].

- الجهاد في سبيل الله فريضة محكمة، وسنة متبعة، وضرورة قائمة، وهو ماضي إلى يوم القيامة

- فرص النمو مهيأة أمام الطالب للإسهام في تنمية المجتمع الذي يعيش فيه، ومن ثمَّ الإقامة من هذه التنمية التي تشارك فيها.

هذه الأسس تستند بالأخير على مجموعة من المبادئ التي تعد بمثابة " معايير " تضبط حركة النظام التعليمي، وتوجه تفاعلاته في مجتمع المملكة، ويتم في ضوئها التعرف على منجزاته، كما أنها توجه وترشد نحو أية خطط واستراتيجيات تستهدف تطوير العملية التعليمية وأهم هذه المبادئ ما يلي:

١- مبدأ التربية من أجل بناء عقيدة إيمانية صحيحة:

وتجسده السياسة التعليمية في المرتكزات التالية:

- الإيمان بالله رباً بالإيمان، و بمحمد (صلى الله عليه وسلم) نبياً ورسولاً.

- التصور الإسلامي الكامل للكون والإنسان والحياة.

- الحياة الدنيا مرحلة إنتاج وعمل، فاليوم عمل بلا حساب، وغداً حساب بلا عمل.

- الرسالة المحمدية هي المنهج الأقوم للحياة الفاضلة التي تحقق السعادة لبني الإنسان.

٢- مبدأ التربية من أجل بناء الخلق القويم:

وتجسده السياسة التعليمية في المثل العليا التي جاء بها الإسلام لقيام حضارة إنسانية رشيدة بناءة تهتدي برسالة محمد (صلى الله عليه وسلم).

٣- مبدأ تكافؤ الفرص التعليمية:

- تقرير حق الفتاة في التعليم بما يلاءم فطرتها وبعدها لمهمتها في الحياة.

- طلب العلم فريضة على كل فرد بحكم الإسلام ونشره وتيسيره في المراحل المختلفة واجب على الدولة بقدر وسعها وإمكانياتها.

٤- الإسلام مرجعية أساسية للعلوم :

- العلوم الدينية أساسية في جميع سنوات التعليم الابتدائي والمتوسط والثانوي بفروعه، والثقافة الإسلامية مادة أساسية في جميع سنوات التعليم العالي.

- توجيه العلوم والمعارف بجميع أنواعها وموادها منهجاً وتأليفاً وتدريساً.

- الاستفادة من جميع أنواع المعارف الإنسانية النافعة على ضوء الإسلام للنهوض بالأمة، ورفع مستوى حياتها، فالحكمة ضالة المؤمن أن وجدها فهو أولى الناس بها.

٥- المبدأ العلمي :

هذا المبدأ يؤكد على الاهتمام بالعلوم الحديثة، ومدى اهتمام المملكة بتطوير التعليم فيها، وقد استهدفت سياسة التعليم بالمملكة في هذا المجال يحقق ما يلي :

- التناسق المنسجم مع العلم والمنهجية التطبيقية (التقنية) باعتبارهما من أهم وسائل التنمية الثقافية والاجتماعية والاقتصادية والصحة لرفع مستوى أمتنا وبلادنا ، والقيام بدورنا في التقدم الثقافي العالمي.

- التفاعل الواعي مع التطورات الحضارية العالمية في ميادين العلوم والثقافة والآداب، والمشاركة فيها وتوجيهها بما يعود على المجتمع والإنسانية بالخير والتقدم.

٦- مبدأ التربية للعمل :

وهذا المبدأ يؤكد على إعداد المتعلمين للعمل ، والسياسة التعليمية في المملكة العربية السعودية تولي عناية خاصة للربط بين الفكرة والعمل باعتبارهما رئيسين في الخبرة الإنسانية وباعتبار العمل على تعدد أنواعه العلمية والفكرية ركيزة للتربية وجانباً رئيسياً في محتواها وأساليبها ويتضح ذلك من خلال ما يلي :

- مسايرة خصائص مراحل النمو النفسي للناشئين في كل مرحلة ،والتأكيد على الناحية الروحية الإسلامية .

- التعرف على الفروق الفردية بين الطلاب ، ومساعدتهم على النمو وفق قـدراتهم واسـتعداداتهم وميولهم .

- تعنى الدولـة وفـق إمكانيتهـا بتعلـيم ذوي الاحتياجـات الخاصـة وفـق منـاهج خاصـة ثقافيـة وتدريبية متنوعة .

والسياسةالتعليمية في المملكة العربية السعودية؛إذ تؤكد على مبدأ التربية للعمل فإنما تستند في ذلك إلى ما في أصول الإسلام من تقدير للعمل ، وحض عـلى إتقانـه ، وضرورة التعـاون والتكافـل في أدائـه وذلك على اعتبار أن العمل حقاً أصيلاً للفرد ، وواجباً يلتزم به تجاه مجتمعه .

٧- مبدأ إنسانية التربية :

وتتناول السياسة التعليمية هذا المبدأ في المرتكزات التالية :

- الدعوة إلى الإسلام في مشارق الأرض ومغاربها بالحكمة والموعظـة الحـسنة مـن واجبـات الدولـة والأفراد وذلك هداية للعالمين وإخراجا لهم من الظلمات إلى النور .

- الجهاد في سبيل اللـه فريضة محكمة وسنة متبعة وضرورة قائمة وهو ماض إلى يوم القيامة .

٨- مبدأ التربية على المسئولية الاجتماعية :

وتتناول السياسة التعليمية هذا المبدأ في المرتكزات التالية :

- احترام الحقوق العامة التى كفلها الإسلام وشرع حمايتها حفاظـاً عـلى الأمـن وتحقيقـاً لاسـتقرار المجتمع المسلم في الدين والنفس والنسل والعرض والعقل والمال .

- التكافل الاجتماعى بين أفراد المجتمع تعاونا ومحبة وإخاء وإيثاراً للمصلحة العامة عـلى المـصلحة الخاصة .

- النصح المتبادل بين الراعى والراعية بما يكفل الحقوق العامة ، وينمى الولاء والإخلاص .

٩- مبدأ التربية وبناء القوة :

وتؤكد السياسة التعليمية هذا المبدأ ، أن القوة في اسمى صورها وأشمل معانيها تشمل قوة العقيدة ، قوة الخلق ، قوة الجسم استناداً إلى أن المؤمن القوى خير وأحب إلى الله من المؤمن الضعيف كما أخبر المصطفى صلى الله عليه وسلم بذلك .

١٠- مبدأ التربية للحياة :

هذا المبدأ يؤكد على تربية المواطن المؤمن ليكون لبنة صالحة في بناء أمته ويشعر بمسئوليته لخدمة بلاده والدفاع عنها وذلك عن طريق إعداده إعداداً سليماً وتزويده بالقدر المناسب من المعلومات الثقافية والخبرات المختلفة التي تجعل منه عضواً عاملاً في المجتمع.

والمملكة العربية السعودية إذ تتخذ هذا المبدأ كأحد أسس التعليم فيها؛فإنما تهتدي بتعاليم الإسلام الحنيف الذي يحض على أن يكون العلم نافعاً للحياة مؤدياً إلى سعادة الإنسان في الدنيا والآخرة .

" الحياة الدنيا مرحلة إنتاج وعمل يستثمر فيها المسلم طاقاته عن إيمان وهدى للحياة الأبدية الخالدة في الدار الآخرة ، فاليوم عمل ولاحساب ، وغداً حساب ولا عمل "

وتؤكد السياسة التعليمية في المملكة على متابعة الفكر التربوي الحديث والانتفاع بالجهود العلمية في ميادينه وتطوير البحوث التربوية العلمية لمواجهة مشكلات التربية ، ولتحقيق ذلك اهتمت السياسة التعليمية في المملكة العربية السعودية بما يلي:

- الإنجازات العالمية في ميادين العلوم والآداب والفنون المباحة ، وإظهار أن تقدم العلوم ثمرة لجهود الإنسانية عامة.

- القيام بدور إيجابي في ميدان البحث العلمي للتواجد الإيجابي على الساحة العالمية.

- تنمية التفكير العلمي لدى الطالب ، وتعميق روح البحث، والتجريب .

- الاهتمام بالتواصل العالمي والتبادل الثقافي في مجال بحوث العلمية والاكتشافات والمخترعات ، واتخاذ وسائل التحفيز المناسبة.

١١- مبدأ الأصالة والتجديد :

ويعني هذا المبدأ التمسك بخير ما في الماضي من أصول تدل على العراقة ، والذاتية ،

والابتكار وتصلح لاعتمادها في الحياة ، فهي تمثل الماضي الحي ، والتجديد يعني توليد أصول نابعة من الجهود الذاتية متميزة بالابتكار ملائمة لتعاليم الإسلام مستجيبة لمطالب الحياة وأحوالها في الزمان والمكان متفتحة على المستقبل ،وقد استطاعت المملكة العربية السعودية أن توفق بين هذين الاتجاهين في سياستها التعليمية،فهي متمسكة بأصول التربية الإسلامية وأهدافها ومناهجها وأساليبها،وفي الوقت نفسه تعد الناشئة للبحث والتجديد،بما يتفق وذاتية الأمة الإسلامية أولاً وروح العصر ثانية،وتبدو هذه الحقيقة واضحة من استعراض مواد السياسة التعليمية التالية:

- الارتباط الوثيق بتاريخ أمتنا وحضارة ديننا الحنيف والإفادة من سير أسلافنا ، ليكون نبراساً لنا في حاضرنا ومستقبلنا .

- شخصية المملكة العربية السعودية متميزة بما خصها الله من حراسة مقدسات الإسلام وحفاظها على مهبط الوحي واتخاذ الإسلام عقيدة ، وشريعة ودستور حياة ، واستشعار مسئوليتها العظيمة في قيادة البشرية بالإسلام وهدايتها إلى الخير .

- التناسق المنسجم مع العلم والمنهجية التطبيقية(التقنية) باعتبارهما من أهم وسائل التنمية الثقافية والاجتماعية والاقتصادية والصحية لرفع مستوى أمتنا وبلادنا والقيام بدورنا في التقدم الثقافي العالمي.

- الاستفادة من جميع أنواع المعارف الانسانية النافعة على ضوء الإسلام للنهوض بالأمة ورفع مستوى حياتها " فالحكمة ضالة المؤمن أنى وجدها فهو أولى الناس بها "

- التفاعل الواعي مع التطورات الحضارية العالمية في ميادين العلوم والثقافة والآداب بتتبعها والمشاركة فيها وتوجيهها بما يعود على المجتمع الانساني بالخير والتقدم .

- دراسة ما في الكون الفسيح عن عظمة الخلق ، واكتشاف ما عليه من أسرار قدرة الخالق للاستفادة منها وتسخيرها لرفع كيان الإسلام واعزاز أمته .

- تشجيع وتنمية روح البحث والتفكير العلميين،وتقوية القدرة على المشاهدة والتأمل،وتبصير الطلاب بآيات الله في الكون وما فيه وإدراك حكمة الله في خلقه لتمكين الفرد من الاضطلاع بدوره الفعال في بناء الحياة الاجتماعية وتوجيهها توجيهاً سليماً.

رابعا : خصائص السياسة التعليمية بالمملكة:

تتميز السياسة التعليمية بالمملكة بالعديد من الخصائص والتي يمكن إجمالها فيما يلي :

١- **قداسة الأساس :**

تقوم سياسة التعليم فى المملكة على أساس عظيم وواضح من الإيمان بالله رباً ، وبالإسلام ديناً ، وبمحمد صلى الله عليه وسلم رسولاً . ولذلك فهى سياسة تعليمية رشيدة ذات أسس مقدسة ، نابعة من عقيدة التوحيد والإيمان بالله الواحد الأحد الفرد الصمد .

٢- **وحدة الهدف :**

ترمى سياسة التعليم من تدريس المواد الدينية والمادية إلى تحقيق هدف أعلى وأسمى ، هو غرس العقيدة الإسلامية الصحيحة فى نفوس الطلاب والطالبات فى مختلف مراحل التعليم .

٣- **أسلمة المناهج الدراسية :**

توجيه العلوم المادية والإنسانية توجهاً إسلامياً فى المنهج والتأليف والتدريس ، حتى تكون مشتقة من الإسلام ، ونظرته إلى الكون والحياة والإنسان .

٤- **الاهتمام بالعلوم :**

تهتم سياسة التعليم بالعلوم الشرعية ، وما يخدم هذا التوجه من عناية باللغة العربية والثقافة الإسلامية ، لما فى ذلك من ترسيخ للأحكام الشرعية، وغرس للأخلاق الإسلامية الفاضلة .

٥- **الدعوة إلى الإسلام :**

تلتزم سياسة التعليم بالدعوة إلى نشر الإسلام ، فى مشارق الأرض ومغاربها ، بحسبان ذلك واجباً شرعياً على الدولة والمواطنين جميعاً .

٦- استقلالية التوجه :

تخلو السياسة التعليمية من كل دخيل على الفكر الإسلامى ، فليس ثمة تبعية ولا تقليد أعمى ، ولا بدعة ولا شبهة . وتظهر خاصية الاستقلال بوضوح فى إعلان فريضة الجهاد فى سبيل الله .

٧- عدم الاختلاط فى التعليم :

تنص سياسة التعليم صراحةً على الفصل بين الجنسين فى مختلف مراحل التعليم ، وقد طبق نظام التعليم السعودى ذلك واقعاً انفرد به عن سائر دول العالم ، وغدا خاصية مميزة لهذا النظام .

٨- تحقيق تكافؤ الفرص التعليمية :

يعد تكافؤ الفرص أحد أهم مرتكزات السياسة التعليمية لأي مجتمع والتي تجد تطبيقاً لها في المجال التعليمي والتربوي خاصةً في الإطار المعاصر ، فالتعليم متاح للجميع ومن ثم الحصول على الوظائف والأدوار ذات القوة والمسئولية بغض النظر عن الخلفيات الاقتصادية والاجتماعية لأسرهم .

٩- تعزيز الهوية الثقافية :

يظل هدف تعزيز الهوية الثقافية هدفاً محورياً لأية سياسة تعليمية ، فالذاتية الثقافية بما تتضمنه من سمات وقيم الشخصية الوطنية ، وما تعنيه من عمق تاريخي واعتزاز بماضي زاخر ، ومنجزات حضارية أصبحت جزءاً من شخصية الأمة وكافة هذه المضامين لا شك أن سبيلها إلى الاستعادة والحفظ والتقويم والتجديد هو التعليم .

وعموماً ، يمكن القول : إن المستقبل القريب لا يتطلب تغييراً أو تعديلاً فى وثيقة سياسة التعليم الصادرة عام ١٣٨٩ هـ قدر ما يتطلب ترجمة وتنفيذاً لمبادئها وأسسها العامة وغاياتها بشكل إجرائي يضمن تحقيق أهداف هذه السياسة بما يخدم المواطن والوطن على النحو الأمثل.

وذلك على اعتبار أن بعض جوانب وثيقة سياسة التعليم هي ثوابت مستمدة من ديننا وثقافتنا الإسلامية (تصور إسلامي للإنسان والكون والمعرفة والقيم).

خامسا : نظرة تقويمية لوثيقة سياسة التعليم في المملكة:

منذ بدأ العمل بوثيقة " سياسة التعليم " في المملكة ، وهي ما تزال فاعلة ومؤثرة حتى وقتنا الراهن . ومجال الفعل والتأثير متعدد ، فعلى المستوى الفكري ، تحمل الوثيقة المفاهيم والموجهات الفكرية التي شكلت الذهنية التربوية في مجتمعنا . وعلى مستوى التنفيذ فقد أسهمت تلك الوثيقة بقسط وافر في تحديد وتوصيف الأدوار المنوطة بأطراف العمل التربوي : واضعي المناهج ، المشرفين التربويين ، المديرين ، المعلمين ، الآباء ...الخ

أ- من حيث الانجازات :

١- لعل أهم إنجازات السياسة التعليمية ، قد تحققت في جانب التنمية البشرية ، ووضحت في تنمية الجوانب العقدية والخلقية والعقلية والنفسية الاجتماعية لدى المواطن السعودي .

٢- حافظت السياسة التعليمية على ركيزة من ركائز المجتمع السعودي ومبدأ مهم جداً من مبادئها وهو مبدأ تعزيز الهوية الإسلامية في شخصيات الأفراد ، وظهر ذلك بوضوح في محتوى المناهج وفي كافة الممارسات التربوية .

٣- نجحت السياسة التعليمية في تحقيق أهدافها الكمية المتعلقة بتوسيع قاعدة القبول في جميع المراحل التعليمية ، ويتسق هذا مع أهداف المجتمع وسياسته العامة .

٤- حققت السياسة التعليمية هدفها في ترسيخ مبدأ تكافؤ الفرص وتأمين حق التعليم بالنسبة لفئات السكان بما فيهم أبناء الريف والبدو في المناطق النائية ، وكذلك حظيت المرأة بنصيب كبير وأتيحت لها فرص التعليم منذ مراحله الأولى وحتى الحصول على أعلى الدرجات التعليمية .

٥- سعت السياسة التعليمية إلى إرساء منهجية التفكير العلمي لدى فئات الطلاب باعتبار هذا النوع من التفكير يمثل مطلب التربية في السياق الحضاري المعاصر .

ب- من حيث جوانب النقص المراد استيفائها في المرحلة المقبلة :

إذا كان ما سبق تعبيراً عن منجزات وإيجابيات أحرزتها السياسة التعليمية ، فثمة مطالب ينتظر الوفاء بها في المرحلة المقبلة :

١- فما تزال نوعية مخرجات التعليم ، وعلى كافة المستويات ، غير مواكبة لمواصفات ومتطلبات عصر المعلوماتية ، وما يزال نظام التعليم في المملكة بعيد الصلة إلى حد كبير عن مطالب واحتياجات خطط التنمية الاجتماعية والاقتصادية وبخاصة من حيث تخريج القوى العاملة الماهرة التي يحتاجها سوق العمل ، وهذا ينم عن نقص في الكفاية الخارجية لنظام التعليم.

٢- كذلك فنظام التعليم وفي كافة المراحل ، لم يستوعب بشكل شمولي تقنيات التعليم الحديثة وكيفية توظيفها لتحقيق الأهداف التعليمية والتربوية المنوطة بها .

٣- والنظام التعليمي في مرحلته المقبلة بحاجة إلى تحديث للمناهج والأنشطة التربوية مما يسهم في تطوير القدرات الإبداعية لدى الدارسين وتخريج أجيال من العلماء في كافة المجالات .

٤- ثمة اختناقات تعتري النظام التعليمي بسبب افتقاد النظرة التخطيطية لمجمل المدخلات في علاقتها بالمخرجات ، ويتضح ذلك في تدفق الطلاب من مرحلة تعليمية إلى أخرى ، وبخاصة من حيث عدم قدرة التعليم العالي على استيعاب كافة المتخرجين من المرحلة الثانوية .

هناك حاجة ماسة لإجراء إصلاحات هيكلية في نظام التعليم وخاصة فيما يتعلق بالعلاقة بين التعليم العام والتعليم الفني بحيث من الأهمية إيجاد مسارات متبادلة بين كلا النوعين ، وكذلك العمل على تمهين التعليم العام وزيادة المقررات الثقافية بالتعليم الفني.

الفصل الرابع

تنظيم التعليم وإدارته في المملكة العربية

السعودية

الفصل الرابع

تنظيم التعليم وإدارته في المملكة العربية السعودية

أولا: تنظيم التعليم بالمملكة:

يتألف السلم التعليمى للمراحل التعليمية فى المملكة العربية السعودية من (٦-٣-٣) أى ست سنوات للمرحلة الابتدائية،وثلاثة سنوات للمرحلة المتوسطة،وثلاث سنوات للمرحلة الثانوية،ويتضمن أنماطا مختلفة من التعليم بجانب التعليم العام فهناك التعليم ما قبل المدرسى والتعليم الفنى والتعليم العالى والتعليم الخاص (مدارس التربية الخاصة) وتعليم الكبار. وفيما يلى نبذه عن كل نوع من أنواع التعليم قبل الجامعى السعودى ومراحله:

١- التعليم ما قبل المرحلة الابتدائية :

يلتحق الطفل برياض الأطفال فى سن الرابعة أو الخامسة وينتقل بعد قضاء عام أو عامين فيها إلى المرحلة الابتدائية، ومن المعروف أن دور الحضانة ورياض الأطفال فى المملكة العربية السعودية لا تدخل ضمن السلم التعليمى ولا يتبع كثير منها للدولة من الناحية الرسمية.

وتجدر الإشارة إلى أن قبوله بالمرحلة الابتدائية ليس مشروطاً بدخوله رياض الأطفال، وتهتم المملكة العربية السعودية بدعم وتطوير مرحلة ما قبل التعليم الابتدائى فقد نصت وثيقة السياسة التعليمية على أن تشجع الدولة دور الحضانة ورياض الأطفال سعيًا وراء ارتفاع المستوى التربوى فى البلاد ورعاية الطفولة،وعلى أن تعنى الجهات المختصة بالتخطيط لإنشاء دور الحضانة ورياض الأطفال،وبالإشراف عليها وبوضع المناهج والأنظمة واللوائح اللازمة لسير العمل فى هذه الدور،وعلى أن تعد الجهات المختصة الكفايات الفنية المؤهلة تعليميا وإداريا لهذا النوع من التعليم.

وتشرف على دور الحضانة ورياض الأطفال فى المملكة عدة جهات أهلية وحكومية هى: القطاع الأهلى وزارة المعارف الرئاسة العامة لتعليم البنات،وزارة العمل والشئون

الاجتماعية،وقد بذلت كل جهة من هذه الجهات جهودا ملموسة في تطوير دور الحضانة ورياض الأطفال ونشرها في إرجاء عديدة من المملكة، وتسير رياض الأطفال بالمملكة على المنهج الذي وضعته الرئاسة العامة لتعليم البنات بصفتها الجهة الرسمية المسئولة عن هذا النوع من التعليم اعتبار من ١٤٠٠هـ،وقد روعى في تنظيم منهج رياض الأطفال مجموعة من الاعتبارات الرئيسية أهمها: ملاءمته لخصائص نمو الأطفال،ووفرة الخبرات والأنشطة،والتركيز على حاجة الطفل ومستقبله.

وتحدد سياسة التعليم في المملكة أهداف دور الحضانة ورياض الاطفال على النحو التالي:

- صيانة فطرة الطفل ، ورعاية نموه الخلقي والعقلي والجسمي في ظروف طبيعية سوية لجو الأسرة متجاوبة مع مقتضيات الإسلام.

- تكوين الاتجاه الديني القائم على التوحيد، المطابق للفطرة.

- أخذ الطفل بآداب السلوك، وتيسير امتصاصه للفضائل الإسلامية، والاتجاهات الصالحة بوجود أسوة حسنة وقدورة محببة أمام الطفل.

- ايلاف الطفل الجو المدرسي، وتهيئته للحياة المدرسية، ونقله برفق من (الذاتية المركزية) إلى الحياة الاجتماعية المشتركة مع أقرانه.

- تزويدة بثروة من التعابير الصحيحة والأساسية الميسرة والمعلومات المناسبة لسنه والمتصلة بما يحيط به.

- تدريب الطفل على المهارات الحركية، وتعويده العادات الصحيحة، وتربية حواسه وتمرينه على حسن استخدامها.

- تشجيع نشاطه الابتكاري وتعهد ذوقه الجمالي وإتاحة الفرصة أمام حيويته للانطلاق الموجه.

- الوفاء بحاجات الطفولة،وإسعاد الطفل وتهذيبه من غير تدليل،ولا ارهاق .

- التيقظ لحماية الأطفال من الأخطار، وعلاج بوادر السلوك غير السوي لديهم، وحسن المواجهة لمشكلات الطفولة.

وتسعى رياض الأطفال في المملكة إلى تحقيق الأهداف السابقة، وذلك من خلال اكتساب الطفل العادات السليمة المتعلقة بالحركة والنطق والتعبير،والقدرة على التعامل مع الآخرين، وتنمية حواسه وإكسابه المهارات اللغوية للتعبير عن الفهم،وتعليمه مهارات القراءة والكتابة،وإكسابه الاتجاهات الاجتماعية السليمة،بالإضافة إلى تهيئة المناخ المناسب الذي يوفر للطفل النمو المتكامل،وتزويده بالمعلومات التي تتناسب مع نموه العقلي وتسهيل عملية الانتقال التدريجي للطفل من البيت إلى المدرسة، بالإضافة إلى تدريبه على الأنشطة والممارسات المختلفة مثل : الرحلات، الزيارات، الألعاب، الأناشيد، المهارات الأساسية في القراءة والكتابة والحساب

٢- التعليم الابتدائي:

تنص وثيقة السياسة التعليمية على أن التعليم في المرحلة الابتدائية متاح لكل من بلغ سن التعليم، وتمثل المرحلة الإبتدائية أولى مراحل التعليم العام في المملكة العربية السعودية، ويبدأ السلم التعليمي العام الرسمي بهذه المرحلة، وهي تمثل بذلك قاعدة الهرم التعليمي، ومدة الدراسة في المرحلة الإبتدائية ست سنوات، يلتحق بها التلميذ بعد بلوغه السنة السادسة من العمر، وينتقل من خلالها من صف إلى صف أعلى في نهاية العام الدراسي بعد نجاحه. وترجع أهمية المرحلة الإبتدائية إلى كونها هي البداية الحقيقية لعملية التنمية الشاملة لمدارك الأطفال، لأنها بطبيعتها تزودهم بالنمو الشامل لشخصياتهم روحياً واجتماعياً وعقلياً ووجدانياً وجسمياً، كما أنها البيئة الجديدة التي ينتقل إليها الطفل من بيته، ونظراً إلى فعالية تأثير تلك البيئة في التكوين النفسي والأنفعالي للطفل، يستوجب الأمر إلى أن تكون تلك البيئة سليمة وصحية ومدعمة بالخبرات والمهارات اللازمة ، ويشرف على المرحلة الابتدائية وزارة التربية والتعليم.

وتعرف وثيقة "سياسة التعليم في المملكة العربية السعودية " في بندها رقم (٧٢) المرحلة الابتدائية بأنها "القاعدة التي يرتكز عليها إعداد الناشئين للمراحل التالية من

حياتهم،وهي مرحلة عامة تشمل أبناء الأمة جميعاً وتزويدهم بالأساسيات من العقيدة الصحيحة والاتجاهات السليمة والخبرات والمعلومات والمهارات.

وتتضمن مناهج المرحلة الابتدائية العلوم الدينية،وعلوم اللغة العربية والاجتماعية،والرياضيات،والعلوم،والتربية الصحية والرسوم والإشغال والتربية الرياضية،وقد تم تعديل نظام التقويم بالمرحلة الابتدائية وأصبح الانتقال من صف إلى صف أعلى يتم بعد نجاح التلميذ فى الامتحانات التى تعقدها المدرسة،والتى تتم على فصلين دراسيين من العام الدراسى،وتكون درجات كل منهما ٥٠٪ من الدرجات النهائية منها ١٥٪ لأعمال السنة و٣٥٪ لامتحان نهاية الفصل،ويحصل الناجح فى نتيجة الصف السادس من هذه المرحلة على شهادة إتمام الدراسة الابتدائية التى تخوله الالتحاق بالمرحلة المتوسطة.

وقد أوضحت وثيقة سياسة التعليم في المملكة عام (١٣٩٠هـ) أهداف التعليم الإبتدائي في بنودها رقم (٧٣- ٨١) على النحو التالي :

- تعهد العقيدة الإسلامية الصحيحة في نفس الطفل ورعايته بتربية إسلامية متكاملة في خلقه وجسمه وعقله ولغته وانتمائه إلى أمة الإسلام.
- تدريبه على إقامة الصلاة،وأخذه بآداب السلوك والفضائل.
- تنمية المهارات الأساسية المختلفة وخاصة المهارة اللغوية،والمهارة العددية،والمهارات الحركية.
- تزويده بالقدر المناسب من المعلومات،وفي بيئته الاجتماعية والجغرافية ليحسن استخدام النعم،وينفع نفسه وبيئته.
- تربية ذوقه البديعي وتعهد نشاطه الابتكاري،وتنمية تقدير العمل اليدوي لديه.
- تنمية وعيه ليدرك ما عليه من الواجبات،وما له من الحقوق في حدود سنه،وخصائص المرحلة التي يمر بها ، وغرس حب وطنه والإخلاص لولاة أمره.

- توليد الرغبة لديه في الازدياد من العلم النافع،والعمل الصالح، وتدريبه على الاستفادة من أوقات فراغه.

- إعداد الطالب لما يلي هذه المرحلة من مراحل حياته.

ويتضح مما سبق أن مرحلة التعليم الابتدائي هى أول درجات السلم التعليمى فى المملكة،وقاعدة التعليم التى يرتكز عليها إعداد الناشئين للمراحل التالية من حياتهم،وهى مرحلة عامة تشمل أبناء المملكة بصفة عامة ومدتها ستة سنوات يدخلها الطفل فى سن السادسة من عمره،وتنتهى بامتحان يحصل الناجح فيه على شهادة إتمام الدراسة الابتدائية،والتى تخوله الالتحاق بالمدرسة المتوسطة.

٣- التعليم المتوسط:

يلتحق الطالب بالمرحلة المتوسطة بعد حصوله على شهادة إتمام الدراسة الابتدائية،ومدة الدراسة فيها ثلاثة سنوات،مع الملاحظة عدم تجاوز سن الطالب المستجد بهذه المرحلة عند الالتحاق السادسة عشرة من عمره، ويحصل الناجح فى نتيجة آخر صف منها على شهادة الكفاءة المتوسطة التى تخوله الالتحاق بالصف الأول الثانوى. ونظام الامتحانات فى هذه المرحلة كنظام امتحانات المرحلة الابتدائية،وتشغل مدارس هذه المرحلة المدارس المتوسطة العامة الحديثة والمدارس المتوسطة التى تهتم بالثقافة الإسلامية والتوجيه الدينى،والمدارس المتوسطة لتحفيظ القرآن الكريم التابعة لوزارة التربية والتعليم. وكما هو الحال في المرحلة الابتدائية وغيرها من مراحل التعليم العام في المملكة العربية السعودية توحدت جهة الإشراف على هذه المرحلة لتكون تحت وزارة التربية والتعليم.

وتعرف وثيقة "سياسة التعليم في المملكة العربية السعودية" في بندها رقم (٨٢) المرحلة المتوسطة بأنها "مرحلة ثقافية عامة، غايتها تربية الناشئ تربية إسلامية شاملة لعقيدته وعقله وجسمه وخلقه، يراعي فيها نموه وخصائص التطور الذي يمرُّ به، وهي تشارك غيرها في تحقيق الأهداف العامة من التعليم.

وقد أوضحت سياسة التعليم في المملكة عام (١٣٩٠هـ) أهداف التعليم المتوسط في بنودها رقم (٨٣-٩٢) على النحو التالي :

- تمكين العقيدة الإسلامية في نفس الطالب وجعلها ضابطة لسلوكه وتصرفاته وتنمية محبة الله وتقواه وخشيته في قلبه.

- تزويده بالخبرات والمعارف الملائمة لسنه حتى يلم بالأصول العامة والمبادئ الأساسية للثقافة والعلوم.

- تشويقه إلى البحث عن المعرفة وتعويده التأمل والتتبع العلمي.

- تنمية القدرات العقلية والمهارات المختلفة لدى الطالب وتعهدها بالتوجيه والتهذيب.

- تربيته على الحياة الاجتماعية الإسلامية التي يسودها الإخاء والتعاون وتقدير التبعة وتحمل المسئولية.

- تدريبه على خدمة مجتمعه ووطنه وتنمية روح النصح والإخلاص لولاة أمره.

- حفز همته لاستعادة أمجاد أمته المسلمة التي ينتمي إليها واستئناف السير في طريق العزة والمجد.

- تعويده الانتفاع بوقته في القراءة المفيدة،واستثمار فراغه في الأعمال النافعة،وتصريف نشاطه بما يجعل شخصيته الإسلامية مزدهرة قوية.

- تقوية وعي الطالب ليعرف – بقدر سنه – كيف يواجه الإشاعات المضللة والمذاهب الهدامة والمبادئ الدخيلة.

- إعداده لما يلي هذه المرحلة من مراحل الحياة.

ويتضح مما سبق أن هذه الأهداف جاءت كافية لتناسب خصائص نمو الطلاب في مرحلة المراهقة وتركز على إكساب الطلاب القيم وغرس مبادئ العقيدة الإسلامية مع التأكيد على جوانب النمو الخلقي والاجتماعي والعقلي والنفسي.

٤- التعليم الثانوي:

التعليم الثانوى بالمملكة العربية السعودية مجانى وغير مختلط ويغطى ثلاث سنوات ويتسع للفئة العمرية (١٥-١٨عاما) ويقبل طلابه من الحاصلين على شهادة الكفاءة المتوسطة، وتبدأ الدراسة بالصف الأول لجميع الطلاب ثم تتشعب هذه الدراسة فى الصفين الثانى والثالث إلى قسمين أدبى وعلمى،ويتقدم الطالب فى نهاية المرحلة إلى امتحان وزارى عام يحصل الناجح فيه على شهادة الدراسة الثانوية العامة والتى تؤهله للالتحاق بالجامعة،ويمكن تمييز ثلاثة أنماط من المدارس الثانوية فى المملكة هى:-

الثانويات الدينية: وقد أنشئت بهدف التخصص والتعمق فى الشرعية الإسلامية واللغة العربية،وتقتصر فقط على البنين دون البنات وعلى الشعب الأدبية دون العلمية.

الثانويات العامة: وهى متاحة للبنين والبنات والدراسة فى السنة الأولى عامة،ويتخصص الطلاب والطلبات اعتبارا من السنة الثانية إما فى الشعب الأدبية أو الشعب العلمية،وفى نهاية الثالثة يعقد امتحان عام للطلاب تحت إشراف وزارة المعارف وللطلبات تحت إشراف الرئاسة العامة لتعليم البنات،يمنح الناجحون والناجحات فيه شهادة الثانوية العامة التى تؤهل للالتحاق بالجامعة.

الثانويات الفنية: ومنها المدارس الصناعية والتجارية والزراعية التى تقبل الحاصلين على الكفاءة المتوسطة،وتقدم لهم برنامجا تعليميا ثقافيا ونظريا وعمليا لمدة ثلاث سنوات،وأطلق عليها المعاهد الثانوية الفنية وهى متاحة للطلاب السعوديين دون الطالبات،هذا إلى جانب معاهد المساعدين الفنيين التى تعد العمالة الوطنية فى مجالات العمارة والمساحة والبناء والتشييد.

المدرسة الثانوية الشاملة :هى مدارس تسير على نظام الساعات المعتمدة،وتنقسم السنة الدراسية فيها إلى فصلين دراسيين مدة كل منها ١٥ أسبوعا وفصل صيفى اختيارى مدته ١٠ أسابيع،ومدة الدراسة فى هذه المدرسة ستة فصول دراسية،والدراسة بها نهايته ،ويستطيع الطالب أن يلتحق فيها بالقسم العلمى أو القسم الأدبى،وعدد المدارس الثانوية الشاملة فى المملكة العربية السعودية مازال قليلاً لأنه خاضع للتجريب،ولذا

فهى موزعة على المدن الكبرى فى المملكة مثل الرياض، جدة، مكة، والدمام وتشمل تلك المدرسة فى الوقت الحاضر على الأقسام الدراسية التالية: قسم العلوم، والرياضيات، قسم اللغات، والمواد الاجتماعية، قسم الدين والعلاقات الإنسانية، وقسم التربية، قسم التجارة، قسم الزراعة، قسم الفنيات التكنولوجية.

وقد أوضحت وثيقة سياسة التعليم في المملكة عام (١٣٩٠هـ) أهداف التعليم الثانوي في بنودها (٩٤- ١٠٧) على النحو التالي :

- متابعة تحقيق الولاء لله وحده وجعل الأعمال خالصة لوجه ومستقيمة في كافة جوانبها على شرعه.

- دعم العقيدة الإسلامية التي تستقيم بها نظرة الطالب إلى الكون والإنسان والحياة في الدنيا والآخرة،وتزويده بالمفاهيم الأساسية والثقافة الإسلامية التي تجعله معتزًا بالإسلام قادراً على الدعوة إليه والدفاع عنه.

- تمكين الانتماء الحي لأمة الإسلام الكاملة لراية التوحيد.

- تحقيق الوفاء للوطن الإسلامي العام وللوطن الخاص (المملكة العربية السعودية) بما يوافق هذه السن، من تسام في الأفق وتطلع إلى العلياء وقوة في الجسم.

- تعهد قدرات الطالب واستعداداته المختلفة التي تظهر في هذه الفترة وتوجيهها،وفق ما يناسبه وما يحقق أهداف التربية الإسلامية في مفهومها العام.

- تنمية التفكير العلمي لدى الطالب، وتعميق روح البحث والتجريب والتتبع المنهجي، واستخدام المراجع، والتعود على طرق الدراسة السليمة.

- إتاحة الفرصة أمام الطلاب القادرين ، وإعدادهم لمواصلة الدراسة - بمستوياتها المختلفة - في المعاهد العليا، والكليات الجامعية، في مختلف التخصصات.

- تهيئة سائر الطلاب للعمل في ميادين الحياة بمستوى لائق.

- تخريج عدد من المؤهلين مسلكياً وفنياً لسد حاجة البلاد في المرحلة الأولى من التعليم والقيام بالمهام الدينية والأعمال الفنية (من زراعية وتجارية وصناعية) وغيرها.

- تحقيق الوعي الأسري لبناء أسرة إسلامية سليمة.

- إعداد الطلاب للجهاد في سبيل الله روحياً وبدنياً.

- رعاية الشباب على أساس الإسلام وعلاج مشكلاتهم الفكرية والانفعالية، ومساعدتهم على اجتياز هذه الفترة الحرجة من حياتهم بنجاح وسلام.

- إكسابهم فضيلة المطالعة النافعة،والرغبة في الازدياد من العلم النافع والعمل الصالح، واستغلال أوقات الفراغ على وجه مفيد تزدهر به شخصية الفرد وأحوال المجتمع.

- تكوين الوعي الإيجابي الذي يواجه به الطالب الأفكار الهدامة والاتجاهات المضللة.

ويتضح مما سبق أن هذه الأهداف تسعى إلى تثبيت العقيدة الإسلامية وتعميق روح المواطنة، وتمكين الطالب من المشاركة الفعلية في خدمة المجتمع،بالإضافة إلى تحقيق النمو المتكامل للطالب روحياً وجسمياً ووجدانياً واجتماعياً.

٥- التعليم العالي :

يقصد بالتعليم العالي كل أنواع التعليم الذي يلي مرحلة التعليم الثانوية،أو ما يعادلها ، وتقدمه مراكز التدريب المهني والمعاهد العليا والكليات الجامعية، وتهدف مراكز إعداد الفنيين وتدريبهم إلى إعداد الفنيين المهرة لممارسة حرفة ما، وتمتد الدراسة بها لمدة عام أو عامين، أما المعهد العالي، فالغرض منه إعداد الفنيين التطبيقيين أو المشرفين الفنيين على مستوى عال، مما تتوافر فيهم المعرفة والكفاية الفنية والمهارة العالية. وتمتد بها الدراسة عادة لمدة ثلاثة أعوام، وقد تزيد تبعاً لنوعية الدراسة بعد إتمام الدراسة الثانوية أو ما يعادلها.

أما الجامعات فهي المؤسسات التي يقوم بإعداد الأخصائيين على مستوى عال، ليتولوا مسئوليات وذلك مثل : التخطيط والإدارة والبحث العلمي، ويتوافر لديهم قدر كافي من المعرفة في مجال تخصصهم مثل : الأطباء والمحامين والمهندسين والمحاسبين وغيرهم، فالجامعات تضطلع إلى إعداد الكوادر البشرية اللازمة، للإسهام في تحمل مسئوليات الحياة وأعباء التنمية، بالإضافة إلى تفعيل وتنشيط الحركة الفكرية والثقافية وزيادة البحث العلمي في المجالات العلمية والتقنية والأدبية.

ويمكن القول إن التعليم العالي والجامعات تسعى إلى تنمية المجتمع في جميع الجوانب (الاقتصادية - السياسية - الاجتماعية - الثقافية)،وتنمية المواهب لسد حاجات المجتمع المختلفة، وتشجيع البحث العلمي، ومواكبة التطور الذي يحقق أهداف الأمة وغايتها.

أ - نشأة التعليم العالي في المملكة العربية السعودية :

يرجع بداية التعليم العالي بالمملكة العربية السعودية إلى عام (١٣٤٥هـ - ١٩٢٥م) وذلك عند إنشاء المعهد العلمي السعودي، والذي أسهم في وضع البدايات الأولى للتعليم الجامعي المنظم، حيث كان الهدف من انشائه هو إعداد المعلمين للمرحلة الابتدائية.

وفي عام (١٣٥٥هـ - ١٩٣٥م) تم إنشاء مدرسة تحضير البعثات بمكة المكرمة ، والتي تعد الخطوة الأولى والأساسية لبداية التعليم العالي في المملكة العربية السعودية، وكانت هذه المدرسة تعنى بإعداد الطلاب الراغبين في مواصلة تعليمهم العالي والالتحاق بكليات الطب والهندسة ، والزراعة وغيرها من الكليات العلمية والأدبية، وعلى الرغم من أن مدرسة تحضير البعثات لم تنشأ في الأصل للتعليم الجامعي، إلاّ أنها تعتبر مرحلة أساسية في إرسال التعليم العالي في المملكة العربية السعودية، حيث كان من أحد نتائجها إنشاء كلية الشريعة والدراسات الإسلامية بمكة المكرمة في عام (١٣٦٩هـ) التي تعد اللبنة الأولى والبداية الفعلية في تأسيس [illegible]

وأينطت مسئولية هذه الكليات إلى إدارة التعليم العالي التابعة لوزارة المعارف، وكان

الهدف من إنشائها هو تخريج علماء مثقفين ثقافة دينية وقومية، سواء كانوا قضاة أو مرشدين،أو مدرسين قادرين على نشر مبادئ الدين الإسلامي، وبث حقائقه وتعاليمه السامية.

وتلا إنشاء كلية الشريعة افتتاح كلية المعلمين في مكة المكرمة عام (١٣٧٢هـ)، ومن مهامها إعداد معلمين متخصصين علمياً وتربوياً وثقافياً للتدريس في مختلف التخصصات في المدارس المتوسطة والثانوية، وضمت الكلية ثلاث شعب ، وهي شعبة اللغة العربية، وشعبة العلوم والرياضيات، وشعبة الآداب، ومدة الدراسة بها أربع سنوات، وقد تحول أسمها إلى كلية التربية، وفي عام (١٣٩١هـ) ضمت هذه الكلية إلى جامعة الملك عبدالعزيز كما حصل لكلية الشريعة، وفي عام (١٤٠١هـ) الحقت بجامعة أم القرى عند إنشائها.

ويعد إنشاء كلية الشريعة بمكة المكرمة بأربع سنوات، تم افتتاح كلية الشريعة بالرياض عام (١٣٧٣هـ) ، وبعد هذه بعام واحد انشئت كلية اللغة العربية بالرياض في عام (١٣٧٤هـ) ، والهدف منها تخريج عدد من المتخصصين في العلوم الشرعية واللغة العربية، واستمرت الكليتان وتطورتا تحت إدارة الرئاسة العامة للكليات والمعاهد العلمية حتى إنشاء جامعة الإمام محمد بن سعود الإسلامية في عام (١٣٩٤هـ)، حيث ضمتا إليها. ثم توالت بعد ذلك افتتاح مؤسسات التعليم العالي.

ب - أهداف التعليم العالي :

أوضحت وثيقة سياسة التعليم في المملكة التعليم العالي بأنه : "هو مرحلة التخصص العلمي في كافة أنواعه ومستوياته، رعاية لذوي الكفاية والنبوغ وتنمية لمواهبهم وسد لحاجات المجتمع المختلفة في حاضره ومستقبله بما يساير التطور المفيد الذي يحقق أهداف الأمة وغايتها النبيلة".

كما حددت الوثيقة في بنودها (١٠٩- ١١٥) أهداف التعليم العالي على النحو التالي :

- تنمية عقيدة الولاء لله ومتابعة السير في تزويد الطالب بالثقافة الإسلامية التي تشعره بمسئوليته أمام الـلـه عن أمة الإسلام لتكون إمكانياته العلمية والعملية نافعه مثمرة.

- إعداد مواطنين أكفاء مؤهلين علمياً وفكرياً تأهيلاً عالياً لأداء واجبهم في خدمة بلادهم والنهوض بأمتهم في ضوء العقيدة السليمة ومبادئ الإسلام السديدة.

- إتاحة الفرصة أمام النابغين للدراسات العليا في التخصصات العلمية المختلفة.

- القيام بدور إيجابي في ميدان البحث العلمي الذي يسهم في مجال التقدم العالمي في الآداب والعلوم، والمخترعات، وإيجاد الحلول السليمة الملائمة لمتطلبات الحياة المتطورة وإتجاهاتها التقنية (التكنولوجيا).

- النهوض بحركة التأليف والانتاج العلمي بما يطوع العلوم لخدمة الفكرة الإسلامية،ويمكن البلاد من دورها القيادي لبناء الحضارة الإنسانية على مبادئها الأصيلة التي تقود البشرية إلى البر والرشاد، وتجنبها الانحرافات المادية والإلحادية.

- ترجمة العلوم وفنون المعرفة النافعة إلى لغة القرآن وتنمية ثروة اللغة العربية من (المصطلحات) بما يسد حاجة التعريب ويجعل المعرفة في متناول أكبر عدد من المواطنين.

- القيام بالخدمات التدريبية والدراسات (التجديدية) التي تنقل إلى الخريجين الذين هم في مجال العمل ما ينبغي أن يطلعوا عليه، مما جد بعد تخرجهم.

ويتضح مما سبق أن هذه الأهداف تعكس ثقافة المجتمع وحاجاته فهي تسعى إلى تحقيق التنمية الشاملة والوفاء لحاجات المجتمع وغرس العقيدة الإسلامية والحفاظ عليها مما يحقق أمن واستقرار المجتمع السعودي.

وقد رسمت الدولة المبادئ التي ينبغي أن يسير عليها التعليم العالي، ووضعت له سياسة حددت فيما يأتي:

- التعليم العالي يبدأ بعد الثانوية أو ما يعادلها.

- يخضع التعليم العالي – حكومياً كان أو أهلياً – بمختلف فروعه للمجلس الأعلى للتعليم.

- تنشأ الجامعات والكليات في المملكة بما يلائم حاجة البلاد وإمكانياتها.

- يكون للجامعات مجلس أعلى ويوضح نظامه واختصاصاته ومسئولياته وطريقة عمله.

- ينسق جهاز التعليم العالي بين الكليات المختلفة بشكل يحقق التوازن بين احتياجات البلاد في مختلف مرافقها.

- تفتح أقسام للدراسات العليا في التخصصات المختلفة كلما توفرت الأسباب والامكانيات لذلك.

- تمنح الدرجات الجامعية للخريجين على اختلاف مستوياتهم.

- تتعاون الجامعات في المملكة مع الجامعات الأخرى في البلاد الإسلامية لتحقيق أهداف أمة الإسلام في بناء حضارة إسلامية أصيلة.

- تتعاون الجامعات في المملكة مع الجامعات العالمية في الاهتمام بالبحوث العلمية والاكتشافات والمخترعات واتخاذ وسائل التشجيع المناسبة، وتتبادل معها البحوث النافعة.

- يعتني بالمكتبات والمختبرات لتوفير وسائل البحث في التعليم العالي.

- تنشأ دائرة للترجمة تتابع الأبحاث العلمية في كافة المواد وتقوم بترجمتها لتحقيق التعريف بالتعليم العالي.

- يدرس في الكليات الجامعية والمعاهد العلمية تاريخ العلوم في العالم الإسلامي وتاريخ الحضارة الإسلامية، بما يتفق مع اختصاص هذه المؤسسات بهدف تعريف طلابها - في ميادين اختصاصهم - بما أنجزه المسلمون.

ج - الجهات المشرفة على التعليم العالي :

تتمثل الجهات المشرفة على التعليم العالي في المملكة في ثلاث جهات رئيسة هي : وزارة التعليم العالي، وزارة الصحة، والمؤسسة العامة للتعليم الفني والتدريب المهني، بالإضافة إلى قطاعات أخرى، وفيما يلي تفصيل ذلك :

- **وزارة التعليم العالي :** وتشرف على الجامعات الحكومية بالإضافة إلى الكليات الأهلية.

- **المؤسسة العامة للتعليم الفني والتدريب المهني :** وتشرف على كليات التقنية، وكلية الاتصالات، والمعاهد الفنية فيما فوق الثانوي.

- **وزارة الصحة :** وتشرف على الكليات والمعاهد الصحية التي تعد الكوادر الصحية المساعدة وعددها (٣٧) كلية ومعهداً صحياً للبنين والبنات.

- **الهيئة المليكة للجبيل وينبع :** وتشرف على الكليتين الصناعيتين في مدينة الجبيل وينبع.

- **قطاعات أخرى أمنية وعسكرية :** مثل وزارة الدفاع والطيران، وزارة الداخلية، رئاسة الحرس الوطني، وزارة الخدمة المدنية التي تشرف على معهد الإدارة العامة.

٧- نظام التربية الخاصة في المملكة:

التربية الخاصة بالمملكة نوع من أنواع التعليم يسير في خط متوازي لسلم التعليم العام، وتقدم الخدمات التعليمية له إلى أصحاب الإعاقات العقلية والبصرية والسمعية، وتعد رعاية ذوي الاحتياجات الخاصة هدفاً مهماً من أهداف التعليم في المملكة، وتتولى وزارة التربية والتعليم مسئولية الإشراف والمتابعة للتربية الخاصة للبنين والبنات، أما فيما يتعلق ببرامج التدريب والتأهيل لفئات الإعاقة المختلفة، فقد أسندت مسئوليتها إلى المؤسسة العامة للتعليم الفني والتدريب المهني.

ووظيفة التربية الخاصة أن توفر كل فئة من الفئات الخاصة أفضل الظروف التربوية، إضافة إلى الرعاية الجسمية والصمية والنفسية والاجتماعية ، وتهيئة أسباب النمو

العقلي السليم، حتى يصل الفرد إلى تحقيق ما يمكن أن يصل من نمو في حدود طاقاته وقدراته، حتى يستطيع أن يؤدي دوراً فعالاً في خدمة المجتمع، مما يحقق له قدراً من تقبل الآخرين له، والقدرة على تحقيق المواءمة الكاملة مع ذلك المجتمع.

بدأت التربية الخاصة بالمملكة بجهود فردية أهلية في عام (١٣٧٢هـ) ، واستمرت الجهود الفردية بالتربية الخاصة حتى عام (١٣٨٠هـ) حينما أنشات وزارة المعارف أول مؤسسة حكومية لتأهيل المكفوفين بالرياض أطلق عليها "معهد النور" بالرياض، ويعتبر إنشاء هذا المعهد نقطة تحول في مسيرة التعليم الخاص بالمملكة العربية السعودية، وقد توالت جهود وزارة المعارف، وذلك بإنشاء إدارة تتولى مسئوليات التخطيط والاشراف والمتابعة لبرامج تربية وتعليم المعوقين ، ثم تحولت هذه الإدارة في عام (١٣٩٢هـ) إلى إدارة عامة لبرامج التعليم الخاص تشتمل على ثلاث إدارات متخصصة هي (إدارة تعليم المكفوفين ، إدارة تعليم الصم، إدارة التربية الفكرية)، وتختص هذه الإدارة بالمهام التالية :

- التخطيط والإعداد لبرامج التعليم الخاص والإشراف على تنفيذها وتطويرها.
- التنسيق بين السياسات التعليمية لتربية المعاقين والأساليب التنظيمية التي تتبعها إدارات التعليم في علاقاتها مع التعليم الخاص وتقديم المساعدات الفنية والإدارية في هذا المجال.
- إعداد الدراسات والأبحاث بهدف تطوير برامج تربية المعاقين.
- وضع الخطط اللازمة للخدمات التربوية للمعاقين بحيث تغطي جميع أنحاء المملكة.
- المشاركة في الندوات والاجتماعات والمؤتمرات المحلية والإقليمية والدولية ذات العلاقة بالمعاقين.

ومع التطور السريع الذي يشهده قطاع التربية الخاصة في العالم فرض على الوزارة إعادة النظر في سياستها التعليمية تجاه الفئات الخاصة،فقررت على تطبيق "التربية الخاصة"

بمفهومها الشامل الحديث، الذي يعنى بالاهتمام بجميع الأطفال العاديين من ذوي الاحتياجات التربوية الخاصة والأطفال غير العاديين هم الأطفال الذين يختلفون عن أقرانهم العاديين،إما في (قدراتهم العقلية- أو قدراتهم الحسية، أو قدراتهم الجسمية، أو قدراتهم المعرفية العلمية، أو قدراتهم التواصلية، أو في قدراتهم السلوكية والانفعالية) فلابد من إيجاد برامج متخصصة لتلبية احتياجاتهم ، فالتربية الخاصة تعنى بالفئات الآتية :

- فئة الموهوبين (المتفوقين).
- فئة المتخلفين عقلياً.
- فئة المعوقين بصرياً (المكفوفين – ضعاف البصر).
- فئة المعوقيات سمعياً (الصم).
- فئة المعوقين جسمياً وحركياً.
- فئة صعوبات التعلمز
- فئة المضطربين تواصلياً.
- فئة المضطربين سلوكياً وانفعالياً.
- فئة متعددي العوق.

ويقصد بالتربية الخاصة "مجموعة البرامج التربوية والتعليمية المخصصة، والخدمات المباشرة وغير المباشرة المقدمة لتلبية الاحتياجات الخاصة بالأطفال العاديين (الموهوبين والمعاقين)،وتشمل على

مساندة".

أما تربية الموهوبين فهي تشير إلى نوعية البرامج التعليمية والتربوية والارشادية،التي تقدم إلى الأفراد الذي يتمتعون بمستوى قدرات عالية غير عادية في أي مجال من مجالات الحياة المختلفة مثل: التحصيل الدراسي في العلوم والرياضيات .... إلخ.

أ – أهداف التربية الخاصة بالمملكة :

تحدد البنود رقم (١٨٨- ١٩١) من وثيقة سياسة التعليم بالمملكة العربية السعودية ، أهداف التربية الخاصة على النحو التالي :

- تعنى الدولة وفق امكانياتها بتعليم المعوقين ذهنياً أو جسمياً وتوضع مناهج خاصة ثقافية وتدريبية متنوعة تتفق وحالاتهم.

- يهدف هذا النوع من التعليم إلى رعاية المعوقين وتزويدهم بالثقافة الإسلامية والثقافية العامة اللازمة لهم، وتدريبهم على المهارات اللائقة بالوسائل المناسبة في تعليمهم للوصول بهم إلى أفضل مستوى يوافق قدراتهم.

- يعنى في مناهج تعليم المكفوفين بالعلوم الدينية وعلوم اللغة العربية.

- تضع الجهات المختصة خطة مدروسة للنهوض بكل فرع من فروع هذا التعليم تحقق أهدافه، كما تضع لائحة تنظم سيره.

وتحدد البنود رقم (١٩٢- ١٩٤) من وثيقة سياسة التعليم في المملكة العربية السعودية " أهداف تعليم النابغين" على النحو التالي:

١- تراعي الدولة النابغين رعاية خاصة لتنمية مواهبهم وتوجيهها وإتاحة الفرصة أمامهم في مجال نبوغهم.

٢- تضع الجهات المختصة وسائل اكتشافهم والبرامج الدراسية الخاصة بهم، والمزايا التقديرية المشجعة لهم.

٣- تُهيأ للنابغين وسائل البحث العلمي للاستفادة من قدراتهم، مع تعهدهم بالتوجيه الإسلامي.

ويتضح مما سبق أن أهداف "تعليم المعاقين" تتبع من قيم الإسلام ومثله العليا، وأنهم جزء من أفراد المجتمع ، وأن أهم ما يرتكز عليه تعليمهم هو نابع من الثقافة الإسلامية واللغة العربية وآدابها،بالإضافة إلى الثقافة العامة التي تساعدهم على

الاندماج في مجتمعهم، بالإضافة إلى "رعاية النابغين" وإتاحة الفرصة أمامهم لتنمية قدراتهم ومواهبهم وتشجيعهم على البحث العلمي بما يتفق مع تعاليم الدين الإسلامي الحنيف.

وتحقيقاً لأهداف سياسة التعليم بالمملكة بأن تعليم المعاقين والموهوبين جزء أساسي من النظام التعليمي بالمملكة ، فقد تبنت أسلوب دمج الأطفال ذوي الاحتياجات التربوية الخاصة في المدارس العادية،وصولاً إلى الأخذ بمفهوم التربية الشاملة، وذلك لما ينطوي عليه هذا الأسلوب من فاعلية تربوية واجتماعية ونفسية واقتصادية ، ويتم الدمج التربوي بالمملكة على طريقتين:

أ - **طريقة الدمج الجزئي** : وهذه الطريقة تتحقق من خلال استحداث برامج فصول خاصة ملحقة بالمدارس العادية.

ب - **طريقة الدمج الكلي** : وهذه الطريقة تتم عن طريق استخدام الأساليب التربوية الحديثة مثل : برامج غرف المصادر، برامج المعلم المتجول، برامج المعلم المستشار، برامج المتابعة في التربية الخاصة.

كما حظيت برامج التعليم في مدارس التربية الخاصة باهتمام الدولة كما حققت انجازات كبيرة في عدد مدارس التربية الخاصة، حيث لاحظ زيادة عدد مدارس التربية الخاصة من (٢٧) مدرسة في العام الدراسي ١٤٠١هـ - ١٤٠٢هـ إلى (٣٢١) مدرسة في العام الدراسي ١٤٢١/١٤٢٢هـ بزيادة مقدارها (٢٩٤) مدرسة، كما تشرف على هذه المعاهد ، الأمانة العامة للتعليم الخاص بوزارة التربية والتعليم التي تتولى أمر الاشراف والمتابعة والتخطيط وطباعة الكتب..... إلخ.

ب - **مؤسسات التربية الخاصة بالمملكة العربية السعودية :**

هناك ثلاث معاهد تقدم خدماتها للمعوقين في المملكة وهي كالتالي :

(١) تعليم المعاقين بصرياً (معاهد النور) :

تعد مؤسسات العوق البصري من أقدم المؤسسات في المملكة التي أنشئت لتعليم المكفوفين والمكفوفات في المملكة إذا يعود إلى عام (١٣٨٠هـ) عندما قامت وزارة المعارف بإنشاء معهد المكفوفين في مدينة الرياض، ثم توالت بعد ذلك بإنشاء المعاهد الخاصة للمكفوفين في أنحاء المملكة، وتعنى معاهد النور بتأهيل المكفوفين ثقافياً ومهنياً وصحياً واجتماعياً ونفسياً، كما تقوم بتلبية احتياجاتهم التربوية والتعليمية ومساعدتهم عل التكيف مع المجتمع.

ومعاهد وبرامج النور للمكفوفين تتكون الدراسة فيها من ثلاث مراحل دراسية ، كما هو متبع في التعليم العام، وتطبق فيها مناهج وكتب التعليم العام ، مع إدخال بعض التعديلات التي تقتضيها خصائص العوق البصري وإمكانيات الطباعة بخط "برايل" ، وإخراج الرسومات والأشكال التوضيحية بالطريقة البارزة في كتب اللغة الإنجليزية والرياضيات والعلوم والجغرافيا، بالإضافة إلى برنامج رعاية الطلاب ضعاف البصر في التعليم العام، ويهدف إلى رعاية وتعليم وتربية الطلاب الذين لديهم ضعف في البصر، بحيث تقدم لهم خدمات تربوية وتعليمية ورعاية بصرية مناسبة مع استمرارهم في مدارسهم نفسها، وفتح فصول خاصة ملحقة في بعض المدارس إذا توفر خمسة طلاب فأكثر من صف واحد.

(٢) تعليم المعاقين سمعياً (معاهد الأمل للصم والبكم) :

بدأت وزارة المعارف (سابقاً) بإنشاء معاهد خاصة للمصابين بالصمم الكامل أو الجزئي ، وكانت البداية الرسمية لتعليم الصم في عام (١٣٨٤هـ) عندما فتحت الوزارة معهد الأمل للصم للبنين،ومعهد الأمل للصم للبنات في الرياض، وتحظى معاهد الأمل بقدر كبير من الاهتمام والدعم، شأنها شأن بقية برامج التعليم في المملكة ، ويطبق في معاهد الأمل سلُم تعليمي من أربع مراحل هي :

- **المرحلة التحضيرية** : وتركز على تدريب ما تبقى للأصم من قدرات سمعية، ومحاولة علاجه عيوبه في النطق ، وزيادة ثروته اللفظية، وتنمية ميوله الفنية ، وتهيئة للمرحلة اللاحقة.

- **المرحلة الابتدائية** : ويدرس فيها الطالب منهجاً مشابهاً لما يدرسه أقرانه في المدارس الابتدائية العادية – بعد تعديله بما يتلاءم مع متطلبات الإعاقة السمعية – والاستمرار في تدريب قدراته في مجالات السمع والنطق وقراءة الشفاة.

- **المرحلة المتوسطة** : ويتم التركيز فيها على تنمية ثقافة الطالب ومهاراته المهنية في مجال المهنة التي يفضلها وذلك مثل ، تجليد الكتب، والصناعات الغذائية، والتفصيل والخياطة، واقتصاديات المنزل الخاص للبنات.

- **المرحلة الثانوية** : وينقسم المنهج فيها إلى قسمين رئيسين :

○ قسم يعني بتنمية معارف الطالب النظرية.

○ قسم يعني بتنمية مهارات الطالب المهنية في مجال المهنة التي يرغب التخصص فيها وذلك مثل : الحاسب الآلي، المكتبات .... إلخ.

(٣) تعليم المعاقين ذهنياً (معاهد التربية الفكرية) :

اهتمت المملكة برعاية فئة المتخلفين عقلياً وضعفاء الذكاء، وقد انشأت المملكة أول معهدين للتربية الفكرية أحدهما للبنين والآخر للبنات بمدينة الرياض في العام الدراسي ١٣٩٢/١٣٩١هـ ،ثم بدأ عدد المعاهد يزداد حتى شمل كافة المدن الرئيسية بالمملكة ، وتعني معاهد التربية الفكرية بتعليم

- **المرحلة التحضيرية** : وهذه المرحلة مدتها سنتان وهي بمنزلة إعداد الطفل وتهيئته للدراسة للمرحلة الابتدائية، وتكون الدراسة في هذه المرحلة على شكل وحدات خبرة أو نشاط، وتكون متفقة على قدرات هؤلاء الأطفال وخصائصهم واحتياجاتهم، وتشمل هذه الوحدات على تدريبات حسية وحركية ولغوية وتدريبات بدنية وعددية.

- **المرحلة الابتدائية :** ومدى هذه المرحلة ست سنوات، ويدرس الطلاب في هذه المرحلة مناهج خاصة تتواءم مع خصائص الطالب، وتتفق مع احتياجاته.

(٤) تعليم الموهوبين :

تقدم برامج الكشف عن الموهوبين ورعايتهم للطلاب الذين لديهم استعدادات وقدرات غير عادية، أو أداء متميز عن بقية أقرانهم في مجال أو أكثر من مجالات التفوق العقلي والتفكير الإبداعي والابتكاري، والتحصيل العلمي، والمهارات والقدرات الخاصة، ويحتاجون إلى الاهتمام بهم ورعايتهم رعاية تعليمية خاصة، لا تتوافر لهم بشكل متكامل في برامج الدراسة العادية، حيث يتم اختيارهم وفق لأسس ومقاييس علمية خاصة، والمحددة في إجراءات برنامج التعرف على الموهوبين والكشف عنهم، ونظراً لأهمية هذا البرنامج، فقد تم إيجاد إدارة عامة مستقلة، تتولى الإشراف على برامج الموهوبين ورعايتهم وهو "مؤسسة الملك عبدالعزيز ورجاله لرعاية الموهوبين وتتمثل مهام المؤسسة في الآتي :

- توفير الدعم المالي والعيني لبرامج ومراكز الكشف عن الموهوبين ورعايتهم.

- تقديم المنح للموهوبين لتمكينهم من تنمية مواهبهم وقدراتهم.

- إنشاء جوائز في مجالات الموهبة المختلفة.

- إعداد البرامج والبحوث والدراسات العلمية في مجال اختصاصها ودعمها بذاتها أو التنسيق أو المشاركة مع غيرها.

- توفير الدعم والرعاية للموهوبين وأسرهم لمساعدتهم على تذليل الصعوبات التي تحد من نمو قدراتهم ومواهبهم.

- تقديم المشورة للجهات الحكومية وغير الحكومية، من أجل رعاية الموهوبين .

- إصدار المواد الإعلامية المتخصصة لنشر المعرفة والوعي في مجال الموهوبين.

ثانيا: إدارة التعليم في المملكة:

مع تزايد حجم التعليم فى المملكة العربية السعودية وتعدد مستوياته ساهمت مؤسسات،ووزارات أخرى مع وزارة التربية والتعليم فى الإشراف على إدارة التعليم ومؤسساته، فقد شهد نظام التعليم في المملكة الكثير من التطور، حيث صدر أول نظام للتعليم في عام ١٣٤٧ هـ وأول منهاج سعودي للتعليم الابتدائي عام ١٣٥٤هـ ونظام المدارس الأهلية عام ١٣٥٧هـ وعلى أية حال فالهيكل التنظيمي للتعليم في المملكة، يشمل:

١- المجلس الأعلى للتعليم:

برئاسة خادم الحرمين الشريفين رئيس مجلس الوزراء بعد إن تم دمج اللجنة العليا لسياسة التعليم ومجلس التعليم العالي والجامعات في مجلس واحد بعد صدور قرار مجلس الوزراء رقم ١٤٣وتاريخ ١٤٢٥/٥/٣هـ الذي تضمن أيضاً نقل تبعية كليات البنات وكليات المعلمين لوزارة التعليم العالي، ويقوم المجلس باختيار الأمين له، وقد تم تحديد اختصاصات جديدة لهذا المجلس في نفس القرار جمعت بين اختصاصات المجلس، السابقين الذي تم ضمهما في المجلس الجديد وأهمها ما يلي.

- رسم السياسة التعليمية
- إعداد مشروع نظام عام للتعليم واقتراح تعديله.
- إجراء دراسات تقويمية لتطوير التعليم.
- اقتراح التعديلات التي يرى إدخالها على نظام المجلس الأعلى للتعليم.
- إصدار اللوائح التنفيذية لنظام المجلس الأعلى للتعليم.
- الموافقة على إنشاء ودمج وإلغاء الجامعات والكليات والمعاهد.
- الرفع بأسماء مديري الجامعات الذين يختارهم المجلس للمقام السامي.
- الموافقه على تكليف وكلاء الجامعات بناء على ترشيح مدير الجامعه المختص وموافقه وزير التعليم العالي.
- اختيار الأمين العام للمجلس الأعلى للتعليم.
- إقرار معايير إنشاء مؤسسات التعليم الأهلي العام والعالي والفني والصحي.

- الترخيص بإنشاء الكليات والجامعات الأهلية.

- وضع استراتيجية سياسات القبول وتوجهاته في مؤسسات التعليم العام والعالي والفني والصحي.

- إصدار اللوائح المنظمة لشئون منسوبي التعليم العالي الوظيفي من السعوديين والمتعاقدين بمن فيهم أعضاء هيئة التدريس، ويشمل ذلك مرتباتهم ومكافئاتهم وبدلاتهم وذلك بعد إعدادها من قبل لجنة يشكلها المجلس وتضم في عضويتها ممثلين لوزارة المالية ووزارة التعليم العالي والخدمة المدينة.

- إصدار القواعد المنظمة لتعيين أعضاء هيئة التدريس من السعوديين في مؤسسات التعليم العالي وترقياتهم وإعارتهم وندبهم.

- إصدار اللوائح التنفيذية المنظمة للشئون المالية في مؤسسات التعليم العالي ... بعد إعدادها من لجنة مشكلة تضم في عضويتها وزارة الخدمة المدنية، وزارة المالية وممثل للجامعات.

- إصدار اللوائح المنظمة لعمل المركز الوطني لتقييم التعليم وتطويره.

- إصدار اللوائح المنظمة لعمل هيئة التقويم والاعتماد الأكاديمي.

- إقرار الهياكل التنظيمية للوحدات المرتبطة بالمجلس الأعلى للتعليم.

- التنسيق بين الأجهزة ومؤسسات التعليم.

- الموافقة على إنشاء أقسام علمية ومراكز وعمادات مساندة في الجامعة بناء على اقتراح مجلس الجامعة.

- دراسة ومراجعة مناهج التعليم العام وعدد المواد في كل فصل دراسي لكل مرحلة ومحتويات تلك المواد واعتماد نتائج الدراسة أو المراجعة.

- اعتماد التقويم الدراسي للتعليم العام والعالي الذي يحدد بداية الفصول الدراسية ونهايتها، وكذلك الإجازات (الأعياد وما بين الفصلين الدراسيين، وإجازة نهاية العام الدراسي).

- دراسة خطة افتتاح المدارس الجديدة للتعليم العام وخطة وإغلاقها واعتمادها وفقاً للضوابط المعتمدة التي يراجعها المجلس كلما دعت الحاجة.

وقد اقترن مع إصدار القرار السابق إنشاء مركز وطني لتقويم وتطوير التعليم العام والفني والثانوي بمسمى (المركز الوطني لتقويم التعليم وتطويره) ويشرف عليه المجلس الأعلى للتعليم ويتم تشكيل مجلس علمي يشرف عليه من ذوي الاختصاص والخبرة في مجال التعليم ومناهجه وتقويمها وتطويرها.

٢- وزارة التربية والتعليم:

وتمثل المستوى القومى (أو العام أو المركزي) فى إدارة التعليم ما قبل الجامعى حيث تقوم برسم السياسة العامة للتعليم فى المملكة وتمويله من الميزانية العامة للدولة كما تقوم بتخطيط المناهج الدراسية وعن طريقها يتم تأليف الكتب المدرسية وبإشرافها تعقد الامتحانات العامة للمرحل التعليمية وبخاصة امتحانات نهاية المرحلة الثانوية بأنواعها وتتولى الدولة تمويل التعليم بكافة مراحله، وتشرف وزارة التربية والتعليم حالياً على تعليم البنين والبنات في المجالات التالية :

- التعليم العام (الابتدائي، متوسط، ثانوي).
- التعليم الموزاي (التعليم الأهلي والخاص، تعليم الكبار ومحو الأمية).
- بالإضافة إلى مدارس تحفيظ القرآن الكريم ومدارس التعليم الأجنبي.

وتتولى إدارة التعليم على المستوى المحلي الإدارات التعليمية بالمناطق والمحافظات.

ويقع على قمة الهرم الوظيفي لوزارة التربية والتعليم وزيراً له الصلاحيات الكافية لتحقيق أهداف الوزارة،ويتم تعينه بأمر ملكي وهو عضو في مجلس الوزراء،وهذه الصلاحيات مقررة له بالأنظمة واللوائح الصادرة بأوامر ملكية وقرارات سامية،مثل: نظام الخدمة المدنية ونظام المشتريات الحكومية وغيرها وقد صدر قرار مجلس الوزراء رقم ٢٧٤٣٧/ر وتاريخ ١٤٢٤/٦/١١هـ المتضمن أن يكون لوزير التربية والتعليم نائبان أحدهم للبنين،والآخر للبنات،كما أن للوزير الحق فى أن يفوض بعضاً من هذه الصلاحيات لغيره من مرؤوسيه، والهيكل التنظيمي الحالي للوزارة يتكون من:

وزير التربية والتعليم ويرتبط به مباشرة بعض الوكالات وبعض الأمانات والإدارات العامة وفق الآتي:

وكالة الوزارة للتخطيط والتطوير الإداري (يرتبط بها وكالة مساعدة للتخطيط والتطوير الإداري والإدارة العامة لاقتصاديات التعليم،والإدارة العامة للتطوير الإداري،والإدارة العامة للتدريب والابتعاث(بنين) والإدارة العامة للتدريب والابتعاث (بنات)،بالإضافة إلى الإدارة العامة للتخطيط ووكالة الوزارة للتطوير التربوي (يرتبط بها أربع إدارات عامة وهي الإدارة العامة للمناهج،والإدارة العامة للتقنيات التربوية والمعلوماتية والإدارة العامة للقياس والتقويم،والإدارة العامة للبحوث والدراسات التربوية ووكالة الوزارة للمباني والتجهيزات المدرسية (بنين)،يرتبط به وكليان مساعدان،وست إدارات عامة،ووكيل الوزارة للتعليم (بنين) ويرتبط به الوكالة المساعدة للتعليم الموازي (يرتبط بها بعض الإدارات العامة التالية: التعليم الأهلي،وتعليم الكبار،والتربية الخاصة،والتوعية الإسلامية،ومدارس تحفيظ القرآن الكريم،والتعليم الأجنبي)،ويرتبط بالوكيل للتعليم أيضاً الوكالة المساعدة لشئون المعلمين يرتبط بها الإدارة العامة للإشراف التربوي والإدارة العامة لشئون المعلمين، ويرتبط بالوكيل للتعليم أيضاً الوكالة المساعدة لشئون الطلاب،ويرتبط بها الإدارات العامة التالية: النشاط الطلابي والتوجيه والإرشاد،والخدمات الطلابية،والاختبارات والصحة المدرسية،كما يرتبط بالوكيل للتعليم إدارات التربية والتعليم للبنين كما يتبع...

ويتبع الوزير أيضاً إضافة إلى مكتبة مركز المعلومات والحاسب الآلي وبعض الإدارات العامة وهي الإدارة العامة للشئون القانونية،والإدارة العامة للإعلام التربوي، والإدارة العامة للموهوبين والموهوبات، والإدارة العامة للشئون الإدارية والمالية والإدارة العامة المتابعة.

وكان الهيكل التنظيمي للوزارة قد شهد نقل تبعية بعض الوكالات والإدارات من الوزارة وإليها فقد انتقل الإشراف على مدارس التعليم العام بوزارة الدفاع والطيران،ورئاسة الحرس الوطني،ومدارس الهيئة الملكية-نقلت جميعها إلى وزارة التربية والتعليم وعلى العكس،فقد انتقل من الوزارة وكالة الوزارة الآثار والمتاحف إلى

الهيئة العليا للسياحة، وانتقل الإشراف على الشئون الثقافية إلى وزارة الثقافة والإعلام ونقلت كليات البنات وكليات المعلمين إلى وزارة التعليم العالي.

ويرتبط بنائب وزير التربية والتعليم البنات وكالة الشئون التعليمية (يتبعها عدد من الوكالات المساعدة مثل الوكالة المساعدة للإشراف التربوي والوكالة المساعدة لشئون المعلمات، والوكالة المساعدة لشئون الطالبات وتلك الوكالات نفسها يتبعها الإدارات العامة المعنية، كما يتبعها بعض الأمانات والإدارات مثل تعليم الكبيرات، التعليم الأهلي والشئون الثقافية ويرتبط بالنائب لتعليم البنات أيضاً وكيل للمباني والتجهيزات (بنات) والإدارة العامة للإعلام التربوي.

مع التأكيد في النهاية على أن وزارة التربية والتعليم تنتظر الهيكل التنظيمي لها الذي سيصدر بإذن الله من قبل اللجنة الوزارية للتنظيم الإداري، والمكلفة بدراسة التنظيم الإداري للدولة بالمملكة العربية السعودية.

٣- المناطق التعليمية:

وتمثل المستوى الإقليمى لإدارة التعليم حيث تقسم المملكة إلى مجموعة من المناطق التعليمية، وهذه المناطق تتبعها إدارات تعليمية في المدن الكبيرة تتولى بدورها الإشراف على شئون التعليم في المدن الصغيرة والقرى المجاورة، لها وفي السنوات الأخيرة شرعت الدولة في تقسيم المملكة إلى مجموعة من المناطق الكبيرة، التى تشتمل على مجموعة من الإدارات التعليمية المحلية على أن يرأس كل منطقة مسئول (بدرجة مدير عام أو وكيل وزارة) عن الحالة التعليمية على مستوى المنطقة بصفة عامة، وذلك كما في المنطقة الشرقية والمنطقة الغربية من المملكة، ومن مسئوليات المناطق التعليمية الإشراف على الامتحانات النهائية للمرحلتين الابتدائية والمتوسطة، بالإضافة إلى منحها صلاحيات تمكنها من متابعة أمور التربية والتعليم.

ويمكن عرض القواعد التنظيمية لمجالس التربية والتعليم في المناطق على النحو التالي:

المستوى التنفيذي، أو ما يمكن أن نسميه مستوى الإدارات التعليمية في المحافظات

والمناطق وكذلك المندوبيات (خاص بتعليم البنات) فالوضع مختلف، حيث يقع على قمته مجلس للتربية والتعليم، والقواعد المنظمة لعمله هي كما يلي:

☒ التعريف:

مجلس التربية والتعليم في المنطقة، هيئة استشارية تتكون من المسؤولين في إدارات التربية والتعليم وعدد من المهتمين وبعض أولياء أمور الطلاب في كل منطقة بمحافظاتها ويرتبط المجلس تنظيماً بوكيلي الوزارة للتعليم وفق الاختصاص.

☒ تشكيل المجلس:

يشكل مجلس التربية والتعليم في المنطقة على الوجه الآتي:

١- المدير العام للتربية والتعليم في قطاع البنين أو في قطاع البنات في المنطقة: رئيساً.

٢- المدير العام للتربية والتعليم في القطاع الآخر في المنطقة عضو ونائباً للرئيس.

٣- مديرو التربية والتعليم في المحافظات (في قطاعي البنين والبنات) أعضاء.

٤- عمداء كليات المعلمين في المنطقة ومحافظاتها: أعضاء.

٥- المدير العام لكليات البنات في المنطقة ومحافظاتها أعضاء.

٦- ثلاثة من أولياء أمور الطلاب من ذوي الاهتمام بالشأن التربوي كرجال التعليم المتقاعدين وأساتذة الجامعات ورجال الأعمال في المنطقة ومحافظاتها أعضاء.

٧- ثلاثة يختارون من شاغلي الوظائف التعليمية في المنطقة أو محافظاتها. (أحدهم معلم والآخر مدير مدرسة والثالث مشرف تربوي) أعضاء.

٨- أمين مجلس التربية والتعليم مقرراً.

☒ مهام المجلس.

يقوم مجلس التربية والتعليم في المنطقة بتحقيق ما يأتي:

١- مناقشة القضايا التعليمية والظواهر التربوية والاجتماعية في المنطقة، واقتراح الحلول المناسبة لها.

٢- تطوي التنسيق والعمل بروح الفريق بين القطاعات التعليمية في المنطقة.

٣- تبادل الخبرات والتجارب التربوية والتعليمية والإدارية فيما بين القطاعات التعليمية في المنطقة.

٤- رفع مستوى المشاركة في صناعة القرارات والاتجاه نحو اللامركزية.

٥- دعم التعاون والتواصل بين المجتمع التعليمي والمجتمع العام من خلال الشرائح الممثلة في المجلس.

☒ **اختصاص المجلس:**

يختص مجلس التربية في المنطقة بالدراسة والتوصية بشأن الأمور الآتية:

١- دراسة الموضوعات المقترحة من قبل رئيس المجلس وأعضائه أو المحالة إليه من الوزارة أو من مجلس المنطقة.

٢- استكمال دراسة مرئيات مجلس إدارات التربية والتعليم بشأن إحداث المدارس ونقلها تبعيتها من محافظة إلى أخرى تبعاً لنظام المناطق ورفع ذلك إلى مجلس المنطقة، ثم إلى الوزارة.

٣- الموافقة على الخطط التشغيلية لإدارات التربية والتعليم وكليات المعلمين وكليات البنات، وبرنامجها الزمني في ضوء الخطة العشرية للوزارة، ودراسة تقاريرها: الدورية والسنوية.

٤- مناقشة مواعيد بدء اليوم الدراسي ونهايته في الصيف والشتاء وفقاً لظروف المنطقة ومرئيات إدارات التربية والتعليم في المحافظات، واعتمادها من قبل مجلس المنطقة.

٥- اقتراح السبل الكفيلة بتطوير أعمال إدارات التربية والتعليم في المنطقة.

٦- اقتراح وتنظيم اللقاءات والبرامج المشتركة بين إدارات التربية والتعليم في المنطقة.

٧- دعم خدمة المجتمع ونشر الوعي من خلال الفعاليات الرسمية والأهلية التي تتبناها القطاعات التعليمية في المنطقة ومحافظاتها.

٨- تنشيط التواصل مع المجتمع ومؤسساته الرسمية والأهلية لمساندة برامج الإدارات التعليمة بالمنطقة ومشروعاتها.

٩- أي مهام أخرى تسند غليه من قبل صاحب الصلاحية.

[illegible]

أ- أنه جهة استشارية أكثر من كونه تنفيذيي.

ب- يضم الكثير من فئات المجتمع وأولياء الأمور تحديداً.

ج- يمثل المجلس دعوة واضحة إلى لا مركزية الإدارة.

☒ **الصلاحيات المفوضة لمديري التربية والتعليم:**

يشير الواقع الإداري للتربية والتعليم في المملكة العربية السعودية إلى إسناد مهام إدارة التربية والتعليم إلى مدير عام للمنطقة أو مدير إدارة (حسب حجم الإدارة) ولقد تم التوضيح في مواضع أخرى من هذا الكتاب أن التوجه الحادث الآن في إدارات التربية والتعليم في المملكة العربية السعودية ينحو إلى اللامركزية بحيث تعطي صلاحيات كبيرة للمسئولين عن التعليم في الميدان التربوي بإدارات التربية والتعليم في المحافظات والمناطق، وما يؤكد ذلك هو منح هذه القيادات وتفويضها للقيام بالصلاحيات التالية:

أ-الصلاحيات الإدارية والمالية ومنها:

- إصدار قرارات تعيين الموظفين والموظفات شاغلي المرتبة العاشرة فما دون وفق نظام الخدمة المدنية والمستخدمين والعمال، وتنقلاتهم داخل الإدارة وخارجها إلى قطاعات أخرى بالوزارة أو خارجها، وإحالتهم على التقاعد المبكر وقبول استقالتهم، وطي قيدهم وترقية المستخدمين والعمال إلى الوظائف الشاغرة في الإدارة وفقاً للأنظمة والتعليمات.

- توجيه منسوبي الإدارة ممن هم على اللائحة التعليمية للعمل في الوظائف التعليمية للعمل في الوظائف التعليمية، والموافقة على تنقلاتهم داخل المحافظة، مع مراعاة ضوابط الاحتياج، وعدم نقلهم أو تكليفهم بأي وظيفة لا تتفق مع الوظائف التعليمية وعدم تكليفهم أو إخلاء طرفهم لأي جهة كانت إلا بموافقة وكيل الوزارة للتعليم المختص وفقاً للتعميم رقم ١/٦٠٨ وتاريخ ١٤٢٢/٩/٢٦هـ وقبول استقالاتهم وإحالتهم على التقاعد المبكر، وطي قيدهم وفقاً للأنظمة والتعليمات.

- منح العلاوات بأنواعها، وكذا منح الإجازات لمنسوبي الإدارة ما عدا الإجازة الدراسية وفقاً للأنظمة واللوائح.

- اعتماد صرف المكافآت والبدلات والتعويضات ونفقات السفر المستحقة نظاماً، لجميع منسوبي الإدارة من السعوديين وغيرهم، وإصدار الأوامر والقرارات الخاصة بها، وفقاً للاعتمادات المخصصة لذلك.

- انتداب منسوبي الإدارة داخل المملكة مدة لا تزيد عن خمسة أيام في المرة الواحدة، وفي حدود ما خصص لها من بند المصاريف السفرية وتكليفهم بالعمل خارج وقت الدوام الرسمي حسب الاعتماد المخصصة لها، ووفقاً للتعليمات الصادرة في هذا الشأن.

- إصدار أوامر الإركاب الداخلية والخارجية لمنسوبي الإدارة ومرافقيهم من السعوديين وغيرهم بما في ذلك: المتدربون والموظفون وشاغلو الوظائف التعليمية والموفدون للتدريس في الخارج وطلاب المنح الدراسية، وفقاً للأنظمة والتعليمات.

- الموافقة على كف يد منسوبي الإدارة شاغلي المرتبة الثالثة عشر فما دون أو ما يعادلها-وفقاً للأنظمة والتعليمات-والتقيد بما ورد بالتعميم رقم ٣٥/٤٦ وتاريخ ١٤٢٤/١/٢٧هـ

- الموافقة على التحاق منسوبي الإدارة من السعوديين بالدراسة المسائية وفق القواعد المنظمة لذلك،على أن لا يؤثر ذلك على أداء العمل.

- إصدار قرارات المرشحين للتدريب داخل المملكة في المجالات التربوية والإدارية والفنية، ومخاطبة معاهد التدريب في ذلك في ضوء خطط التدريب المعتمدة من الوزارة.

- تكليف من يقوم بعمل (المندوب أو مدير مركز الإشراف أو مدير الإدارة لديه أو رئيس القسم) في حال غياب أي منهم لعذر رسمي.

- اعتماد صرف مكافآت وإعانات ومخصصات الطلاب والطالبات في مختلف المراحل وفقاً للأنظمة لذلك.

- البت في من يثبت عدم صلاحيته من المعنين الجدد خلال سنة التجربة وفقاً للنظام،وتزويد وزارة الخدمة المدنية وشؤون الموظفين وشؤون المعلمين بالوزارة بصورة من الإجراء المتخذ وعلى الجهة التي قامت بتعيينه إكمال الإجراءات اللازمة.

[illegible]

المعلمات وشؤون الموظفين بالوزارة بصورة من الإجراء وذلك بعد مضي خمسة عشر يوماً على تاريخ صدور قرارات تعيينهم.

ب-الصلاحيات التعليمية:

- ترشيح مساعدي مدير إدارة التربية والتعليم ومديري ومديرات الإشراف التربوي ليتم الاختيار والتكليف من قبل الجهات المعنية بالوزارة وفق الاختصاص.
- تكليف مديري الإدارات ورؤساء الأقسام والشعب ومراكز الإشراف وإنهاء التكليف وفق الضوابط المنظمة لذلك.
- تكليف من هم على اللائحة التعليمية بالعمل في الوظائف والأعمال التعليمية والتربوية والفنية،طبقاً للشروط والضوابط المحددة،وإنهائه عند توفر الأسباب الموجبة لذلك.
- ترشيح شاغلي الوظائف التعليمية للإيفاد للتدريس خارج المملكة والمشاركة في الندوات والمؤتمرات والنشاطات والفعاليات الداخلية والخارجية وفقاً للضوابط المنظمة لذلك.
- الترشيح للتدريب الصيفي وفق الأعداد المحددة من الوزارة ووفق ضوابط الترشيح.
- تكليف منسوبي الإدارة ممن هم على اللائحة التعليمية أو غيرها للعمل بمدارس تعليم الكبار والكبيرات وفق الضوابط المجددة لذلك.
- الموافقة على نقل فصول من مدرسة إلى أخرى أو إغلاقها أو ضمها وفتح واستبدال فصول دراسية في مدارس التعليم العام،بما في ذلك تعليم الكبار،ومدارس تحفيظ القرآن الكريم،والتربية والخاصة وفق الميزانية المعتمدة.
- اقتراح إحداث وتسمية المدارس أو ضمها أو إلغائها وإعادة تسميتها وفق الاحتياج،والرفع بذلك لمجلس التربية والتعليم في المنطقة لاستكمال الإجراء النظامي،والموافقة على افتتاح الحضانات وفق التعليمات المنظمة لذلك.
- الإبعاد الفوري للعاملين والعاملات في المدارس ممن لديهم مخالفات سلوكية أو اضطرابات نفسية أو فكرية وتكليفهم بأعمال إدارية أو فنية خارج المدارس بصفة مؤقتة وذلك بموجب محضر يوضح فيه ملابسات الأمر ويعرض على لجنة القضايا على أن يبت فيها في أسرع وقت ممكن.

- السماح للمدارس الأهلية بالتعاقد من الداخل بدلاً من الملغاة عقودهم وفقاً للضوابط واللوائح المنظمة لذلك، بالتنسيق مع الجهات المختصة مع مراعاة برامج السعودة.
- اختيار أعضاء لجان اختبار شهادة الثانوية العامة في الإدارات التعليمية التي يوجد بها مراكز اختبارات وتوقيع قرارات التكليف وفق القواعد والأعداد المحددة من الجهة المختصة في الوزارة، وفي حدود الاعتمادات المالية المخصصة لهم.
- البت في قضايا الطلاب والطالبات وإصدار قرارات العقوبات التأديبية على المخالفين وفقاً للأنظمة واللوائح المتعلقة بهذا الشأن.
- قبول الطلاب والطالبات في جميع مراحل التعليم العام،وفق اللوائح والتعليمات المنظمة لذلك.
- المصادقة على الوثائق الدراسية وصورها للطلاب والطالبات الصادرات من المدارس داخل المملكة في حدود نطاق إشراف الإدارة، وترجمتها وفق الأنظمة والتعليمات وطبقاً للنماذج التي أقرتها الوزارة.
- تعديل أسماء الطلاب والطالبات والمعلومات الأخرى في الوثائق الصادرة عن الإدارة، بعد استكمال إجراءاتها وفقاً للتعليمات المنظمة لذلك.
- قبول عذر الطلاب المختلفين عن اختبارات النقل قبل انتهاء مدة الاختبارات وبعد الاستئناس برأي لجنة التوجيه والإرشاد وفقاً للضوابط الصادرة من الوزارة.
- الموافقة على اختبار بعض الطلاب في مدارس أخرى داخل النطاق الإشرافي للإدارة أو خارجه لظروف مقبولة، وكذلك المحالين من إدارات التربية والتعليم والأخرى وفقاً للضوابط المنظمة لذلك.

ولعل استعراض ما سبق من تشكيل للجان أو تحديد المهام إضافة إلى تفويض السلطة للمسئولين بالعديد من الصلاحيات كل ذلك يؤكد الاتجاه نحو لا مركزية الإدارة لا سيما في الجانب المحلي.

٣- المؤسسة العامة للتعليم الفني والتدريب المهني:

وتتولى إدارة التعليم الفنى ومسئولية التدريب المهني. ولها صلاحيات مالية وإدارية لتحقيق أهدافها فى إطار السياسات العامة والخطط التى يحددها مجلس القوى العاملة،وتعمل

المؤسسة العامة للتعليم الفني والتدريب المهني على تنفيذ الخطط والبرامج الموضوعة لإعداد وتدريب القوى الوطنية المهنية والفنية،وإجراء البحوث العلمية لتطوير الكفاءة الإنتاجية. وللمؤسسة مجلس أعلى لإدارتها يختص باقتراح السياسة العامة للمؤسسة، وإصدار اللوائح واتخاذ القرارات الخاصة بنظام العمل بالمؤسسة ووضع اللوائح الداخلية للمعاهد الفنية ومركز التدريب لتحدد برامج الدراسة ومدتها وشروط الالتحاق والامتحانات والشهادات.

ج – وزارة التعليم العالي :

كان التعليم العالي في المملكة العربية السعودية تابعاً لوزارة المعارف، إلا أن عوامل التطور التعليمي والثقافي أوجبت وجود جهة مستقلة تشرف على مؤسسات التعليم العالي، واستمراراً للجهود المباركة لتطوير التعليم والوصول به إلى أرقى المستويات، فقد صدر المرسوم الملكي رقم (٢٣٦/١) بتاريخ ١٣٩٥/١٠/٨هـ بتأسيس "وزارة التعليم العالي" حيث تم تحديد صلاحيتها واختصاصاتها وهيكلها التنظيمي.

ووزارة التعليم العالي هي الجهة المسؤولة على الجامعات في مجالات : التخطيط، والاشراف، والتنسيق، والمتابعة، ويوجد بالمملكة إحدى وعشرون جامعة حكومية، وثلاث جامعة أهلية، وعلى الرغم من وجود إشراف مباشر من وزارة التعليم العالي على الجامعات، فإن الجامعات تتمتع بقدر كبير من الاستقلالية على المستوى الأكاديمي والإداري.

ويتم التنسيق بين الجامعات من خلال المجلس الأعلى للجامعات، وتشرف وزارة التعليم العالي على البعثات الدراسية في الخارج ، كما تشرف على المكاتب الثقافية المنتشرة حول العالم.

ويتضح مما سبق أن هناك ثلاث جهات مشرفة على نظام التعليم في المملكة العربية السعودية متمثلة في:وزارة التربية والتعليم، ووزارة التعليم العالي، والمؤسسة العامة للتعليم الفني والتدريب المهني، وجميعهم يتولون الإشراف وتنفيذ سياسة التعليم في المملكة العربية السعودية.

ثالثا: مصادر تمويل التعليم بالمملكة:-

يعتبر التعليم بكافة أنماطه ومراحله مجانياً لجميع المواطنين والوافدين ويستثنى من ذلك التعليم الأهلي(الخاص) الذى يستلزم دفع رسوم دراسية للجهات المالكة. وتمويل التعليم مركزى، حيث تقوم حكومة المملكة بتوفير النفقات المالية للجهاز التعليمى حرصا منها على أن تعمم الخدمات التعليمية فى كل أرجاء المملكة كبقية الخدمات الأخرى،فالحكومة لا تدخر جهدا فى تحقيق الرفاهية إلى جانب الحقوق الأساسية للشعب السعودى،بل وتقدم الكثير من الخدمات والمساعدات إلى بعض البلدان العربية والإسلامية الأخرى.

وتظهر إحصائيات ١٩٦٨م أن جملة ما انفق على التعليم وصل إلى ٥٢٤ مليونا من الريالات السعودية أى ما يعادل ١٠.٦ من الميزانية العامة للدولة، ٥.٣٪ من الدخل القومى بينما تظهر إحصائيات ١٩٨٠ م أن ما خصص لقطاع التعليم بالمملكة وصل إلى ١٦.٣٥٥ مليون ريال سعودى حيث زادت النسبة المخصصة للتعليم فى خطة التنمية الأولى١٩٨٠/٧٥ ولذا زادت مخصصات قطاع التعليم من ٨.٢٪ عام ١٩٧٥ إلى ١٠.٢٪ عام ١٩٨٠ م من إجمالى الميزانية العامة المملكة.

الفصل الخامس

تطوير نظام التعليم

في المملكة العربية السعودية

الفصل الخامس
تطوير نظام التعليم
في المملكة العربية السعودية

أولا: مقدمة حول التعليم والتنمية:

إن الإدارة الجيدة والتخطيط الناجح سينتج عنهما بالضرورة تنمية ناجحة، فالجميع يستهدف تنمية الإنسان في كل الأحوال. ولا خلاف على أن للتربية دوراً وأثراً على التنمية. والدراسات تتوالى على قياس النتائج أو القيمة المضافة بسبب إطالة مدة الدراسة للطالب وأثرها على إنتاجيته العامة،فكلما زادت مدة التعليم وتحسن التعلم مساهمة الفرد في العمل الاجتماعي والإنتاجي مرتفعة.

١-مفهوم التنمية:

عند النظر إلى العلاقة بين التعليم من جانب،والتنمية من جانب آخر فقد يكون من المناسب أن نتناول العلاقة بين مفهوم النمو ومفهوم التنمية، حيث يعني مفهوم النمو عملية الزيادة التي تحدث في جانب معين من جوانب الحياة، وهي قد تتم بصورة تلقائية، وعلى العكس فعملية التنمية هي عملية شاملة متكاملة، تقوم على الإنسان،وتستهدفه في النهاية،ومن ثم فالنمو ممكن أن يكون متضمنا في عملية التنمية،وفي نفس الوقت يعتبر من مؤشرات النجاح لعملية التنمية أن تستطيع توجيه النمو في المجتمع بحيث يكون موجهاً.

ولقد تنامي الوعي منذ العقد الأخير من القرن المنصرم على وجه التحديد،بموقع الصدارة لقيمة الإنسان هدفاً ووسيلة في منظومة التنمية الشاملة والمطردة،ومن ثم تواترت الدراسات والسياسات والمؤتمرات التي جرت لتحديد أبعاد التنمية البشرية وتحليل مكوناتها الراهنة والمستهدفة.

ولعله من المعروف أن مع الانتقال من الثورة الزراعية إلى الثورة الصناعية، ثم الانتقال إلى ما عرف بالموجة الثالثة حدث اختلاف جذري في مفهوم التنمية، ففي حين اتسمت التنمية في المجتمع الزراعي بالتنمية الأفقية وغلبت صور استصلاح الأراضي الجديدة والتوسع العمراني ومفاهيمها على جهود وأشكال التنمية في هذا الوقت،فإن مفهوم التنمية في المجتمع الصناعي أخذ أشكال التنمية الرأسية،وذلك بإدخال القوى الجديدة المحركة محل قوة الإنسان والحيوان،ومضاعفة إنتاج الأرض،والإنتاج الصناعي بتطوير الأساليب التكنولوجية الجديدة،والاتجاه إلى التنمية الرأسية التي تضاعف من إنتاجية الواحدة المنتجة،سواء كان ذلك في مجال الصناعة أم الزراعة أم التجارة.

إن الإنسان جزء أساسي في التنمية، لأنه أداة التنمية وهدفها في الوقت نفسه، والتنمية لا يمكن أن تقتصر على التوسع العمراني أو الزراعي، كما أنها لا يمكن أن تعتمد على الجانب الاقتصادي،أو أن تكون تنمية علمية أو ثقافية فحسب،وإنما هي أيضاً تنمية اجتماعية وثقافية وأخلاقية وقيمية في الوقت ذاته،وأن تمتد إلى الإنسان بتنمية قدراته أيا كانت هذه القدرات؛لأن الإنسان من أعظم ما خلق الرحمن جلا وعلا،وقد وضع الـلـه سبحانه وتعالى فيه قدرات كبيرة يجب أن تستثمر من خلال كسر حواجز الزمان والمكان لتحقيق ذاتية هذا الإنسان في إطار المجتمع الذي يعيش فيه،وتوسيع الخيارات والفرص أمامه، وتمكينه من الاختيار السليم الذي يحقق رفاهية الإنسان في إطار جماعة مترابطة وتعزيز قدراته على التغيير،وتدعيم كل ما يعين الإنسان على الفهم الصحيح والاختيار الدقيق،والاستفادة القصوى من الخيارات المتاحة في المجتمع،والتأكيد على دور المجتمع في الاستفادة القصوى من هذه الخيارات.

وفي ضوء الأهمية البالغة التي يحتلها مركب القدرات الإنسانية ومسارات نموه يتضح تعريف التنمية البشرية الذي اعتمدته تقارير التنمية البشرية لبرنامج الأمم المتحدة الإنمائي باعتبار التنمية عملية توسيع الخيارات أمام الناس،أي ما ينبغي أن يتاح لهم،وما ينبغي أن تكون عليه أحوالهم فضلاً عما ينبغي أن يفعلوه ضماناً لتنامي مستوى معيشتهم.

وعلى ذلك تتضح أهمية التعليم ودوره في عملية التنمية طالما أن التنمية ارتبطت بالإنسان فهو المستفيد الأول من مؤسسة التعليم وهو الذي تتم من أجله عملية التنمية وحتى التقدم الاقتصادي نفسه،فهو في حقيقة الأمر يقوم على الاستفادة من خبرات وقدرات بني البشر، ومن ثم فهو نتاج العملية التعليمية وكما أكد حامد عمار منذ عدة سنوات (ومع تقديرنا لأهمية رأس المال المادي،وضرورة العمل على استثماره بما يحقق العمل والاطراد في زيادة حجم رأس المال،كعامل في التنمية الاقتصادية والاجتماعية، إلا أنه أصبح من الواضح الآن ضرورة اعتبار رأس المال البشري عاملاً لا يقل أهمية عن رأس المال المادي في عمليات التنمية

وقد شهدت السنوات الأخيرة تحولاً غير مسبوق في الاهتمام بالعنصر البشري في عملية التنمية،وبما يتجاوز الاهتمام بالعناصر المادية الأخرى يكفي أن نشير إلى أن العائد من التعليم لا يوازيه عائد في أي مجال آخر كبر أو صغر، وسيتضح ذلك أكثر فيما يلي:

٢-التعليم استثمار:

مع الوضع في الاعتبار محدودية الموارد في أي مجتمع مهما كان حجم هذه الموارد، فقد ظل الإنسان يواجه نفسه-منذ أن اكتسب مهارات التأمل مع الندرة- بهذا السؤال: كيف يرتب أولوياته أمام البدائل المختلفة المتاحة؟ ولسنوات طويلة كان الاعتقاد السائد أن الاستثمار يعني شيئاً واحدا هو وكما سبق التوضيح يعني الاستثمار في رأس المال الطبيعي،أي في الآلات والمصانع والمباني وما شابهها،ولكن أثبتت تجارب الأمم أن الأهم هو الاستثمار في الإنسان أي في رأس المال البشري، ويأتي التعليم في مقدمة مفردات الاستثمار في رأس المال البشري، ولهذا خصصت الدول ميزانيات هائلة للتعليم وقد تغيرت النظرة إلى طبيعة الإنفاق التعليمي، وأصبح ينظر إليه على أنه استثمار ذو عائد اقتصادي مجزِ وليس مجرد خدمة تقدمها الحكومات لشعوبها لأسباب اجتماعية وسياسية خالصة،وقد يكون من المناسب في هذا السياق أن نتعرض بشيء من التفصيل لرأس المال البشري فيما يلي:

٣-رأس المال البشري:

يتفق التربويون والاقتصاديون على أن أثر التعليم على الأفراد يتعدى حياتهم الحاضرة إلى المستقبل،وقد بادر الاقتصاديون إلى تأصيل هذا المفهوم من خلال النظريات الاقتصادية وظهر مفهوم رأس المال البشري والاستثمار فيه،ويعود مفهوم الرأسمال البشري إلى حقيقة مؤداها أن الناس أو الأفراد يستمرون أنفسهم من خلال التعليم والتدريب وهو في أغلب الأحوال يساعد كثيراً في زيادة دخلهم المادي،لقد كانت البدايات الأولى لاستخدام هذا المفهوم الشهير بواسطة عالم الاقتصاد (أدم سيمث) في أواخر القرن الثامن عشر، وبدايات القرن التاسع عشر، ونشر في كتابة الشهير (ثروة الأمم) وأوضح فيه أن التعليم أحد عناصر رأس المال الثابت (الأصول الرأسمالية) إن التركيز الأساسي لمفهوم الرأسمال البشري والأبحاث التي تدور حوله إنما هو حول العلاقة بين التعليم والاقتصاد.

٤- خصائص راس المال البشري:

رأس المال البشري هي فترة حياة الفرد بعد تأهيله وحصوله على المستوى التعليمي الذي يؤهله للعمل،ومن ثم فإن زيادة عمر الفرد يؤدي إلى خفض معدل قيمة رأس المال البشري، ومن ناحية أخرى فإن التغير في الطلب على المهارات البشرية التي يوفرها التعليم هي تغييرات ترجع إلى خصائص النمو الاقتصادي في المجتمع.

إن جزءاً من رأس المال البشري يعد أصلاً استهلاكياً معمراً،بينما نجد أن بقية أجزائه تعد أصلاً استثمارياً،وتتعدد أنماط الأجزاء الاستهلاكية والاستثمارية تبعاً لتعدد أنماط التعليم مما يتطلب معه تخصيصاً أمثل للموارد التي توجه للتعليم حسب أنماطه المختلفة،فإذا كانت قيمة رأس المال البشري شأنه في ذلك شأن رأس المال المادي،تتحدد بقيمة كل من المنافع التي يتوقع تحقيقها فإن حدوث أخطاء في كل من مكونات وحجم رصيد المجتمع من رأس المال البشري،يعني أن الاستثمارات التعليمية قد سبق توجيهها خاطئاً.

إن التعليم لا يسهم في زيادة الإنتاج فقط،ولكنه يسهم في زيادة رفاهية المجتمع أيضاً،أنه يعتبر سلعة استهلاكية ذات قيمة اجتماعية، كما أنه يؤدي على زيادة درجة

الإشباع الكلي من السلع والخدمات المتاحة في المجتمع، كما أن زيادة الاستثمار في التعليم قد لا تؤدي إلى تناقض العائد بعكس الاستثمار في رأس المال المادي، فزيادة الاستثمار في التعليم قد يصاحبه زيادة العائد بصفة عامة؛حيث إن عائده على فئة معينة من المتعلمين وبالتالي فإن التوسع في التعليم يتيح مزيداً من الفرص لكافة أفراد المجتمع وبخاصة الموهوبون، سيما إذا كان معيار القبول هو القدرات الذهنية لهم.

٥- الاستثمار في رأس المال البشري: Investment human capital

يقصد بالاستثمار في رأس المال البشري، كل أنفاق ينتج عنه تحسين في نوعية الموارد البشرية فيزيد من إنتاجيتها،ومن ثم دخلها وعائد هذا الاستثمار يتمثل في الزيادات المستقبلية في الدخل والإنتاجية ومن أمثلة الاستثمار في رأس المال البشري:الإنفاق المباشر على التعليم والصحة والغذاء. أما المكاسب الضائعة على الدارس أثناء فترة تعليمه فهي نوعاً من الإنفاق الاستثماري في الموارد البشرية،سواء كان مباشراً أم غير مباشر وتعتبر النظرة الحديثة إلى التعليم كاستثمار في رأس المال البشري إيذانا بدخول اقتصاديات التعليم فرعاً جديد في علم الاقتصاد،فاعتبار التعليم نوعاً من أنواع الاستثمار يعني بصورة أو بأخرى أن الموارد البشرية هي شكل من أشكال رأس المال،وهذا مما لاشك فيه إضافة إلى الأدب الاقتصادي الذي كان يعتقد حتى وقت قريب أن الإنفاق على التعليم هو إنفاق استهلاكي وليس إنفاقاً استثمارياً.

٦- الإنفاق على التعليم:

ليس من شك في أنه يستحيل تحقيق تنمية بشرية دون أن تتوافر الأموال اللازمة للإنفاق على التعليم. وتلك مشكلة كبرى ما زالت تقلق الحكومات والشعوب أمام الحاجة المتزايدة ليس فقط لأي نوع من التعليم، وإنما المطالبة الجماهيرية المستمرة بتعليم جيد النوعية،وكثيراً ما تضطرب الأوضاع المالية لأنظمة التعليم أمام تزايد وتعدد حاجات الناس من التعليم، فهناك تصاعد أعداد الملتحقين من الطلبة بالمؤسسات التعليمية وما يترتب على ذلك من منشآت مدرسية ولوازم تعليمية تتضخم بمرور الزمن،فقد وجد أن معظم الدول ومنها الدول الخليجية تواجه تنامياً كبيراً في عدد الطلاب الملتحقين بكل مراحل التعليم.

وتظل أزمة الإنفاق على التعليم قائمة أمام تدهور الأوضاع الاقتصادية وبخاصة للدول النامية التي تعاني من ضعف الموارد الطبيعية وتعثر التنمية البشرية،ومع الأسف ليست أمامنا دراسات نوعية مفصلة تبين حجم أزمة تمويل التعليم في الدول العربية،وكيف أن قلة الإنفاق تؤثر على الإنتاجية وتعطل المستويات النوعية والكمية المستهدفة من أنظمة التعليم؟ وما من شك في أن التعليم يتأثر تأثراً بالغاً بحجم الإنفاق أو التمويل المعروض عليه من الدولة،أو من مصادر تمويل مختلفة،وتأثير ذلك بالغ في قدرة التعليم على تلبية المطالب الاجتماعية، باعتبار أن تدني الإنفاق مؤشر حاسم في انخفاض مستوى التعليم ولابد أن يكون الإنفاق على التعليم في حدوده الدنيا إذا كانت هنالك معوقات اقتصادية،أما إذا انخفض الإنفاق عن هذه الحدود فإن النتيجة ظهور أزمات اجتماعية وتنموية لا يمكن تجنبها،لاشك أن غياب التمويل المطلوب للتعليم يتسبب في تعثر التعليم في تفشي الجهل والأمية والفقر. وإذا لم يكن التمويل كاف فإن المحصلة تدني النوعية التعليمية وأزمة في المباني والتجهيزات المدرسية،وتتعطل حوافز ودوافع المعلمين للعمل بسبب ضعف أجورهم وغير ذلك من مشكلات كثيرة.

والإنفاق على التعليم يتأثر بجملة من العوامل أبرزها حالة الميزانية العامة للدولة State budget فقد تعاني الميزانية العامة من مشكلات قد تكون بسبب ضعف موارد الدولة الطبيعية والبشرية،أو بسبب المؤثرات العالمية على الاقتصاديات المحلية في عصر يتسم بالصراع الاقتصادي والتحكم في أسعار النفط والمنتجات بالنسبة للدول التي تعتمد اقتصادياتها على المورد النفطية، أو السيطرة على السياسات التجارية العالمية للدولة النامية وغير ذلك،كما أن الأعباء المالية الملقاة على عاتق الدول نتيجة الحاجة لتمويل التنمية في قطاعات أخرى تؤدي إلى عدم قدرة الاقتصاد القومي على تمويل التعليم بالكفاءة المطلوبة،واتجاه كهذا يدفع الاقتصاديين والتربويين إلى البحث عن بدائل في التمويل، بخاصة وأن تكاليف التعليم باهظة تحتاج إلى أموال ضخمة وإنفاق متصاعد.

ان الكثير من طموحات أنظمة التعليم لا تتحقق بسبب ارتفاع تكلفة التعليم فقد لا تتحقق الخطط المرصودة مثل:تنفيذ سياسات التعليم الإلزامي حتى سنوات معينة، وقد

يصعب القضاء على الأمية خلال سنوات الخطة المرصودة،وقد تتعثر خطط تعليم الكبار أوبناء المناهج الجديدة والتوسع في المباني المدرسية وغير ذلك،وكلما أصبحت خطة تمويل التعليم مركزية أي أن السلطة المركزية هي التي تنفق على جوانب التعليم،كلما زادت مشكلة الإنفاق وتعثرت مساراتها بسبب الاتكال الكامل على الحكومة وغياب الدور الشعبي والمؤسسي في مجال التمويل،ويتضح أن غالبية الدول النامية تتحكم مركزياً في تمويل التعليم من قبل حكوماتها بعكس الدول المتقدمة التي تبع اللامركزية في الإدارة والتمويل،فتفرض ضرائب لتمويل التعليم كما تسعى المؤسسات الاجتماعية والصناعية والدينية وغيرها،للمشاركة في التمويل من خلال التبرعات والهبات والمنح وغيرها.

ومن البديهي أن مساهمة المنظمات الاجتماعية والخيرية المختلفة في الدول المتقدمة في مجال دعم التعليم ومساندته مالياً وبشتى الطرق،إنما هو إحساس نبيل وتفكير راق من هذه المؤسسات بأن لها دوراً مهماً في النهوض بالتعليم والعمل على رفعة شأنه وزيادة إنتاجيته وعوائده على المجتمع،فالمساهمة المالية في التعليم من الأفراد والمؤسسات لا تتكامل أو تتحقق إلا في بيئات تؤمن بالديمقراطية، وبضرورة مشاركة المجتمع في تحمل الأعباء المالية للتعليم.

٧- **أسباب الزيادة في تكلفة التعليم:**

قد يكون من المهم ونحن نتحدث عن التعليم وعلاقته بالتنمية أن نتناول قضية مهمة ومحورية في هذا المجال، ونعني بها تكلفة التعليم متغير حاسم في ذلك حيث تشير الدراسات العلمية إلى الزيادة الواضحة في تكلفة التعليم، ويمكن إجمال أبرز العوامل التي ساهمت متضافرة في زيادة تكلفة التعليم في خمسة عوامل على النحو التالي:

١- الزيادة السكانية ولاسيما الناتجة عن زيادة المواليد، وقلة الوفيات وما يصاحب ذلك من زيادة الضغط على التعليم، سيما بعد قناعة الناس بالتعليم وأهميته ورغبتهم فيه وإقبالهم عليه.

٢- محاولات معظم دول العالم إطالة عدد سنوات التعليم الإلزامي المجاني ليتعدى المرحلة الابتدائية إلى المتوسطة وربما الثانوية.

٣- الاهتمام بعوامل الجودة في التعليم مثل: رفع مستوى إعداد المعلم وتدريبه أثناء الخدمة وتطوير المناهج،وتقليل كثافة الفصول،وإطالة اليوم الدراسي، والعام الدراسي،والاهتمام بالمباني المدرسية والوسائل المعينة،وغير ذلك من الأمور التي عادة ما تزيد تكلفة التعليم ولو على المستوى القريب، إلا أنها مهمة وحيوية وربما أكثر عائدا لاسيما لو أخذنا في الاعتبار شمولية النظرة للعوائد لتتعدى البعد الاقتصادي إلى أبعاد أخرى اجتماعية، وتربوية ونفسية. وربما يتضح ذلك بشكل أعمق في الفصلين الثاني والخامس.

٤- تزايد الاهتمام بالدراسات التطبيقية والتكنولوجية في مرحلتي التعليم الثانوي والعالي.

٥- التوسع الكمي والكيفي في التعليم العالي الذي يعد أكثر مراحل التعليم تكلفة، نظراً لطبيعة الدراسة فيه ولأهدافه المتميزة مما قد يؤثر على باقي مراحل التعليم الأدنى.

٨- العائد من التعليم:

بداية لابد أن نوضح أنه من الصعوبة بمكان أن يتم تحديد العائد من التعليم بصورة حاسمة، ورغم ذلك فقد أكد البعض أن التعليم الكثير من العوائد على النحو التالي:

١- التربية هي الأداة الفاعلة في تحقيق أهداف المجتمع في الوصول إلى أعلى مستويات التنمية والترقي المجتمعي.

٢- تؤدي التربية دوراً مهمَا في إتاحة الفرصة للناشئة للتفكير الموضوعي،واكتشاف القدرات والمهارات القادرة على الإبداع والتحديث.

٣- تزيد التربية من إنتاجية الفرد ، كما تزيد من فرصه في الحصول على أجور عالية، و تنمي قدراته للمشاركة في الإنتاج الجمعي، بحيث يصبح متمتعاً بقدر وافر من المرونة والتكيف مع مستلزمات العمل الجديد.

٤- إن الفرد المتعلم يشارك في أنشطة المجتمع المحيط به ويكون فاعلاً فيها.

٥- أثبتت الدراسات أن معدل الجريمة ينخفض مع زيادة التعليم في المجتمع.

٦- أن التعليم هو الطريق الأساسي لإحداث التغير الاجتماعي المطلوب في أي مجتمع، وبدونه قد يكون من الصعب حدوث ذلك بالصورة المطلوبة.

ولعل الأسباب السابقة وغيرها تؤكد بما لا يدع مجالاً للشك أهمية التعامل مع التعليم برؤية مختلفة عما يحدث اليوم، وليكن كما يقول (حامد عمار):أن بناء البشر أهم من بناء الحجر، فالبشر هم البداية وهم النهاية في كل تنمية ناجحة.

٩- التعليم كموجه لتنمية المجتمع:

إن المتابع لتقارير التنمية البشرية الصادرة عن الأمم المتحدة أو حتى التقارير المحلية المتابع لتلك التقارير سيجد أن أهم المؤشرات المعبرة عن حركة التنمية في تلك الدول هي المتعلقة بالتعليم، وما يرتبط به من متغيرات وهذا الأمر لم يأت من فراغ، بل للقناعة بالدور الحيوي الذي يلعبه التعليم في عملية التنمية، ومن أجل أن يكون هذا الدور فاعلاً نقترح ما يلي:

- أن يكون الاهتمام بالتعليم في أولويات الخطط التنموية وبمعنى آخر أن يحصل على حقه من الميزانيات والدعم بمختلف أنواعه.

- العمل على زيادة الوعي المجتمعي بالاهتمام بالتعليم وضرورة إظهار عوائده المتوقعة سواء المباشر منها أو غير المباشر، وذلك باستثمار وسائل الإعلام المختلفة وسيما الإعلام التربوي والعلاقات العامة.

- الاهتمام بتوفير قاعدة بيانات ومعلومات تتضمن كافة ما يتعلق ويفيد تطوير المنظومة التعليمية بما يساعدها على أداء دورها التنموي في المجتمع.

- تغيير الثقافة المجتمعية فيما يتعلق بالتواكلية وإهمال النظر للمستقبل من خلال إظهار أن ذلك يتعارض مع الثوابت الإسلامية نفسها، والتي تجاوزت التخطيط للدنيا بالعمل للآخرة، وهذا غير صحيح فالتوكل المطلوب لا يعني التواكل ولذا قال رسول الله صلى الله عليه وسلم:(اعقلها وتوكل).

- الاهتمام بالبحوث العلمية والرفع من شأنها وشأن من يعمل بها ففي ذلك تعظيم للإمكانات البشرية، ومن ثم سيكون العائد على التنمية كبير، والاهتمام أكثر

ببحوث المستقبليات وبحوث التخطيط، فتلك البحوث ستكون الأضواء الكاشفة للحقائق،وبالتالي ستساعد على اتخاذ القرار السديد.

- أن نعيد النظر في الأولويات المطروحة داخل نظام التعليم نفسه فكيف لنا أن نهمل مرحلة رياض الأطفال ؟رغم أن الدراسات العلمية أثبتت أن العائد منها يفوق العائد بدونها لو صرفنا نفس المبالغ على طالب التعليم الثانوي،وكيف لنا أن نهمل التعليم الفني الذي يعاني سوق العمل من النقص الشديد فيه ؟ونهتم بالتعليم النظري وبه بطالة كبيرة.

ثانيا : الخطط التنموية التي نفذتها المملكة العربية السعودية .

نفذت المملكة حتى الآن ثمان خطط تنموية وفي سبيلها لتنفيذ الخطة التاسعة، حيث حققت من خلالها تجربة متميزة في برمجة المشروعات الإنمائية بأهدافها وطموحاتها الكبروماكبة كافة المتغيرات الاقتصادية والاجتماعية ومتغلبة على ظروف الاقتصاد العالمي المتقلبة،لقد استطاعت المملكة على مدى اثنين وعشرين عاما من مسيرة التنمية تحقيق العديد من المنجزات في سباق حضاري متوازن شملت البنية الأساسية والقطاعات الخدمية والإنتاجية، وقبل ذلك وبعده بناء المواطن، ويمكن عرض هذه الخطط على النحو التالي:

١. **خطة التنمية الأولى:** بدأت الانطلاقة الأولى للتنمية بأول خطة خمسية للتنمية (١٣٩٠ ــ ١٣٩٥هـ) وكان التركيز في هذه الخطة على بناء التجهيزات الأساسية من خدمات الهاتف والمياه والكهرباء والخدمات الصحية. وقد أنفق على هذه الخطة ما يقارب (٧٨) بليون ريال، ٥٠% من هذا المبلغ أنفق على التجهيزات الأساسية.

٢. **خطة التنمية الثانية:** (١٣٩٥ ــ ١٤٠٠هـ) فقد وسعت أهدافها نتيجة لزيادة موارد البلاد من البترول حيث بلغت تسعة أضعاف الخطة الأولى ، وصرف على هذه الخطة (٦٥٠) بليون ريال، ٤٩% من هذا المبلغ وجه للتجهيزات الأساسية لاستكمال ما تم في الخطة الأولى. وقد شهدت هذه الخطة إجراء العديد من الدراسات لإحتياجات البلاد والتي تم بناء على نتائجها إنشاء بضع المرافق الحكومية الجديدة، مثل : وزارة الأشغال العامة

والإسكان، وصناديق التنمية، والهيئة الملكية العليا للجبيل وينبع التي تعتبر أساساً لـصناعة البتروكيماويات السعودية.

٣. خطة التنمية الثالثة: ونتيجة لنجاح الخطتين الأولى والثانية في إنشاء البنية الأساسية، بـدأ التفكير في الجانب الإنتاجي مـع الاستمرار في استكمال تجهيـزات البنيـة الأساسية. ولذلك فقد تـضمنت إستراتيجية خطة التنمية الثالثة (١٤٠٠ ـ ١٤٠٥هـ) التوجه نحـو إحداث تغيرات في بنية الاقتصاد الوطني بهدف تنمية القطاعات الإنتاجية غير البترولية،وزيادة إسهام المـواطنين في التنميـة وزيـادة الفاعليـة الاقتصادية والإدارية. وقـد شملت إنجازات هـذه الخطـة تطوير الخـدمات التعليميـة والصحية والاجتماعية والبلدية،ومرافق تحلية المياه المالحة،وإقامة السدود وشق الطرق ومرافق الطيران المدني، إضافة إلى البدء في الإنتاج من مصانع البتروكيماويات. كما شملت الإنجازات التوسع في إنشاء مصافي البترول وصوامع الغلال والصناعات الوطنية ونشاط صناديق التنمية المختلفة. كـما بدأت الإستراتيجية الزراعية تعطي ثمارها بارتفاع الإنتاج الزراعي، مما يترتب عليه البدء في تصدير بعض المنتجات الزراعية. وقد بلغ إجمالي الاستثمار في الخطة الثالثة (١٢٠٠) بليـون ريـال صرفت للتنمية عامة، خصص منها ٣٧% للقطاعات الإنتاجية مثل الصناعة والزراعة.

٤. خطة التنمية الرابعة: وتضمنت الأهداف العامة لخطة التنميـة الرابعـة أهدافـاً جديـدة لم تـرد في الخطط الثلاثة الماضية، وشملت تنمية القوى البشرية، وتخفيض الاعتماد على إنتاج وتصدير النفط الخام كمصدر رئيسي للدخل القومي، والاستمرار في إحداث تغيير حقيقي في البيئـة الاقتصادية بـالتحول نحـو تنويـع القاعـدة الإنتاجيـة بـالتركيز عـلى نـشاطي الزراعـة والـصناعة،وتنمية مكامن الثروات المعدنية وتحقيق التكامل الاقتصادي بين دول مجلس التعاون لـدول الخليج العربي إضافة إلى استكمال البنية التحتية.وقد خصص لهذه الخطة حوالي (١٠٠٠) بليـون ريـال، وحققت كل أهدافها في ظـروف بالغـة الصعوبة نتيجـة لتقلبات أسعـار البـترول في الأسواق العالمية وانتهاج المملكة سياسة الدولة المرجحة بـين الـدول المـصدرة للبـترول (أوبـك) لتحقيـق

التوازن المطلوب، مما ترتب عليه انخفاض عائدات المملكة من البترول إلى الثلث، ولكن المملكة عمدت إلى استخدام الاحتياطي العام لتغطية نفقات الخطة.

٥. **خطة التنمية الخامسة:** (١٤١٠ ـــ ١٤١٥هـ) وقد ولدت في ظروف دولية غير عادية، وجاءت أهدافها العامة ومرتكزاتها الإستراتيجية مستجيبة لكافة المتغيرات السياسية والاقتصادية والاجتماعية للمملكة. وتضمن أسسها الإستراتيجية العامة مؤثرات اقتصادية أو اجتماعية غير مرغوبة، والتركيز على رفع كفاءة الأداء في الأجهزة الحكومية وبالشكل الذي يؤدي إلى خفض الإنفاق الحكومي دون التأثير على مستوى الخدمات العامة، وزيادة دور القطاع الأهلي في الاقتصاد الوطني، وتحقيق التنمية المتوازنة بين مناطق المملكة وربطها بالاحتياجات السكانية، واتخاذ الوسائل المناسبة لدفع القطاع الأهلي على إتاحة فرص العمل للمواطنين،وإحلال القوى العاملة السعودية محل غير السعودية.

٦. **خطة التنمية السادسة:** إن ما تتميز به كل خطط التنمية في أهدافها العامة وأسسها الإستراتيجية يرجع إلى تأثير بالعوامل السياسية والاقتصادية والاجتماعية المحيطة بها. وخطة التنمية السادسة (١٤١٥ ـ ١٤٢٠هـ) جاءت مستجيبة للمتغيرات السياسية والاقتصادية التي تمر بها بلادنا. فمن ناحية نعرف أن حرب الخليج قد أوجدت ظروفاً سياسية وأمنية متميزة تؤثر تأثيراً واضحاً على كافة دول هذه المنطقة، ومن ناحية أخرى فإن تناقص عائدات النفط منذ منتصف الثمانينيات قد أوجد معطيات اقتصادية جديدة لها تأثيرها على دخل الدول،الذي ما زال يعتمد إلى حد كبير على هذا المورد الأساسي. ولكن بانتهاء معظم مشروعات البنية التحتية، فإن الأهداف العامة لهذه الخطة قد تميزت بالتركيز على رفع الكفاءة الاقتصادية والإدارية النوعية لمختلف القطاعات الحكومية والأهلية،عن طريق العمل على تحقيق مزيد من الاستفادة من الإمكانات المادية والبشرية المتاحة. بالإضافة إلى ذلك فإن الأهداف العامة تؤكد على أهمية البحث عن مصادر إيرادات مالية أخرى غير عائدات النفط لسد جزء من النقص المتوقع في الإيرادات البترولية.

٧. **خطة التنمية السابعة:** ونهجت خطة التنمية السابعة (١٤٢٠-١٤٢٥هـ) النهج نفسه، لتحدد توجهات التنمية الوطنية. وقد تضمنت هذه التوجهات ثلاثة محاور رئيسة: محور دعم الخدمات، ومحورتحسين الكفاءة الحكومية، ومحور التعاون في قضايا التطوير الوطني. ففي محور دعم الخدمات،ركزت الخطة على خدمات الدفاع والأمن، والتعليم، والخدمات الاجتماعية والصحية، والخدمات العلمية والتقنية، بما في ذلك خدمات الاتصالات والمعلومات. وفي محورالكفاءة الحكومية اهتمت الخطة بتحسين أداء الخدمات الحكومية، والترشيد، وخفض النفقات، وتطوير كفاءة تشغيل التجهيزات وصيانتها، وتحسين الاستفادة منها، وغير ذلك من الإجراءات. وفي محور التعاون، رأت الخطة ضرورة التعاون في قضايا دعم دور القطاع الخاص في التنمية، والتوجه نحو سعودة الوظائف، وإعادة تأهيل اليد العاملة بما يؤدي إلى تحسين كفاءتها. وقد أوردت الخطة الوطنية السابعة ثلاثة أهداف لإعداد خطة وطنية معلوماتية ضمن محور الكفاءات البشرية. يؤكد أول هذه الأهداف على أهمية توظيف الاتصالات وتقنية المعلومات لدعم التنمية الاقتصادية، ودعم العلوم والتقنية. ويهتم الهدف الثاني بإعداد البنية الأساسية للاتصالات وتقنية المعلومات، بما فيها شبكات الاتصال والمحتوى المعلوماتي. في حين يرتبط الهدف الثالث بنشر خدمات الاتصالات وتقنيةالمعلومات وجعلها متوفرة للجميع من أجل تعميم الاستفادة منها.

٨. **خطة التنمية الثامنة:** (١٤٢٥/ ١٤٢٦هـ - ١٤٢٩/ ١٤٣٠هـ) وركزت على عدد من الأولويات من أهمها رفع مستوى المعيشة وتحسين نوعية الحياة وتوفير فرص العمل للمواطنين والتوسع الكمي والنوعي في الخدمات التعليمية والتدريبية والصحية والاجتماعية، والتوسع في العلوم التطبيقية والتقنية، وتشجيع المبادرات والابتكار، وشمل هذا التركيز أيضا مواكبة التطورات الاقتصادية والتقنية العالمية السريعة، وتنويع القاعدة الاقتصادية، وتحسين إنتاجية الاقتصاد الوطني وتعزيز قدراته التنافسية، والاهتمام بالمجالات الواعدة كالصناعات الإستراتيجية والتحويلية، وخاصة الصناعات كثيفة الاستخدام للطاقة ومشتقاتها، وصناعة الغاز الطبيعي، والتعدين، والسياحة، وتقنية المعلومات، كما أولت الخطة اهتماما بمساهمة القطاع

الخاص في التنمية الاقتصادية والاجتماعية، وذلك بالاستمرار في تطوير النظم والقواعد والإجراءات ذات العلاقة بالاستثمار، والإسراع بتنفيذ إستراتيجية التخصيص، ومواصلة تحسين كفاءة أداء الخدمات المالية، وتكثيف المعونات الفنية لدعم القدرات التنافسية للمنتجات الوطنية، كما شمل هذا الاهتمام تطوير منظومة العلوم والتقنية والمعلوماتية، ودعم البحث العلمي وتشجيعه، والتوجه نحو اقتصاد المعرفة، باعتبارها من العوامل الأساسية في زيادة الإنتاج والإنتاجية وتوسيع آفاق الاستثمار، وراعت الخطة تحقيق التوسع المستمر في التجهيزات الأساسية وصيانتها بما يتلاءم مع نمو الطلب عليها،ويسهم في تعزيز نمو كافة القطاعات الإنتاجية والخدمية، وتحسين كفاءتها وأعطت الخطة اهتماما خاصا بزيادة مشاركة المرأة، وتعضيد دور الأسرة في المجتمع من خلال تطوير قدرات المرأة السعودية، وإزالة المعوقات أمام توسيع مشاركتها في النشاطات الاقتصادية والإنمائية.

٩. خطة التنمية التاسعة : وافق مجلس الوزراء السعودي على الأهداف العامة لخطة التنمية التاسعة (٣١- ١٤٣٢هـ/ ٣٥-١٤٣٦هـ)، التي جاءت بناء على توصية اللجنة الدائمة للمجلس الاقتصادي الأعلى رقم ٢٩/٦٤ بتاريخ ١٤٢٩/١١/٢٥، وبعد النظر على قرار لمجلس الشورى في هذا الخصوص.

جاء ذلك في الجلسة التي عقدها مجلس الوزراء برئاسة خادم الحرمين الشريفين الملك عبد الله بن عبد العزيز، ومن أهداف الخطة: المحافظة على التعاليم والقيم الإسلامية،وتعزيز الوحدة الوطنية،والأمن الوطني الشامل وضمان حقوق الإنسان،وتحقيق الاستقرار الاجتماعي،وترسيخ هوية المملكة الإسلامية والعربية،والاستمرار في تطوير المشاعر المقدسة،والخدمات المقدمة إلى الحجاج والمعتمرين والزوار بما يكفل أداء الشعائر بيسر وسهولة،وتحقيق التنمية الاقتصادية والاجتماعية المستدامة، وذلك من خلال تسريع وتيرة النمو الاقتصادي والرفاهية الاجتماعية، وتحقيق التنمية المتوازنة بين مناطق المملكة،وتعزيز دورها في التنمية الاقتصادية والاجتماعية، وتعزيز التنمية البشرية وتوسيع الخيارات المتاحة للمواطنين في اكتساب المعارف والمهارات والخبرات،وتمكينهم من الانتفاع بهذه القدرات

المكتسبة، وتوفير مستوى لائق من الخدمات الصحية، ورفع مستويات المعيشة،وتحسين نوعية الحياة لجميع المواطنين، وتنويع القاعدة الاقتصادية أفقيا ورأسيا، وتوسيع الطاقات الاستيعابية والإنتاجية للاقتصاد الوطني،وتعزيز قدراته التنافسية،وتعظيم العائد من ميزاته النسبية والتوجه نحو الاقتصاد المبني على المعرفة، وتعزيز مقومات مجتمع المعلومات، وتعزيز دور القطاع الخاص في التنمية الاقتصادية والاجتماعية والبيئية وتوسيع مجالات الاستثمارات الخاصة «الوطنية والأجنبية» ومجالات الشراكة بين القطاعين الحكومي والخاص، وتنمية الموارد الطبيعية - وبخاصة الموارد المائية - والمحافظة عليها .

ومن الملاحظ أن خطط التنمية المتعاقبة في المملكة أولت أهمية كبرى لتنمية الموارد البشرية من خلال دعمها للنمو المستمر في التعليم الابتدائي والمتوسط والثانوي والعالي وكذلك التعليم الفني والتدريب المهني قبل الخدمة وفي أثنائها. وكانت النتيجة زيادة كبيرة في توظيف السعوديين وارتفاعاً منتظماً في مستوى المهارات والإنجازات المهنية للقوى العاملة السعودية، وتوضح المؤشرات التالية أهم الإنجازات في مجال تنمية الموارد البشرية :

- وصل عدد الطلاب والطالبات في مختلف مراحل التعليم العام والعالي بنين وبنات للعام ١٤٢٨ / ١٤٢٩ هـ أكثر من خمسة ملايين طالب وطالبة يقوم على تعليمهم نحو //٤٦٨// ألف معلم ومعلمة من خلال نحو ٣٣.٥ ألف مدرسة.

- بلغ عدد الطلاب التابعين لوزارة التربية والتعليم للعام الدراسي ١٤٢٩/١٤٢٨هـ أكثر من// ٢.٥١٠.٤٨٩ // طالب يشرف على تعليمهم // ٢١٧.٦١٣ // معلمًا ويدرسون في // ١٥٠٦٦ //مدرسة .

- بلغ عدد الطالبات الدارسات في مختلف مراحل التعليم // ٢.٤٣٨.٠٠٧ // طالبة يقوم على تعليمهن نحو // ٢٥٠٢٣٦ // معلمة ويتلقين تعليمهن في// ١٨٤٠٣ // من المؤسسات التعليمية.

- وتوضح الإحصاءات الرسمية أن المملكة تعيش حاليا نهضة تعليمية شاملة ومباركة توجت بأربع وعشرين جامعة حكومية وسبع جامعات أهلية تضم ٢٢٠ كلية جامعية يدرس بها أكثر من // ٧٠٢ // ألف طالب وطالبة يشرف على تدريسهم نحو //٣٠// ألف عضو هيئة تدريس.

ثالثا: تطوير التعليم العام في عهد خادم الحرمين الشريفين جلالة الملك عبد الـله بن عبد العزيز:

وعلى الرغم من هذه المرتبة التي بلغتها جهود الدولة في نشر العلم والمعرفة والقضاء على الأمية بكافة أشكالها , إلا أن عجلة التطوير والبحث عن الكمال لا تقف عند حد معين, بل تستمر ما استمرت الأمة في التنامي والتقدم ، ولذلك جاء توجيه خادم الحرمين الشريفين حفظه الـله – حين التقي المسئولين عن التعليم في شهر رجب من العام ١٤٢٦هـ بقوله "أتمنى أن تحملوا هذه المسؤولية بجد واجتهاد وتحسوا بمسؤوليتكم، وأعتقد أن هذه إن شاء الـله فيكم، بيد أني أتمنى أن تزداد هذه المسؤولية، وأن تربوا أجيالنا الحاضرة والمستقبلة على الخير وعلى العدل والإنصاف، وخدمة الدين والوطن بصبر وعمل".

وهو أيضاً ماتطلع إليه سمو ولي العهد الأمير سلطان بن عبدالعزيز الذي قال: "نحن اليوم على أعتاب تحول جديد في تأكيدنا وحرصنا على أن نخوض تجربة نوعية في تطوير برامجنا وخططنا وكوادرنا البشرية وتجهيزاتنا الفنية،بما يحقق هدف الارتقاء بنوعية التعليم والتدريب والارتقاء بجودة المخرجات في جميع المؤسسات التعليمية والتدريبية " إن أمنيات خادم الحرمين الشريفين جلالة الملك عبد الـله بن عبد العزيز وتطلعات سمو ولي العهد تلك لم تكن شعارات تردد , أو كلمات تذهب أدراج الرياح , لقد كانت همًّا وهمة تجسدتا على أرض الواقع من خلال مشروع نوعي متميز هو ما عرف بمشروع الملك عبدالـله بن عبدالعزيز لتطوير التعليم .

ويهدف المشروع إلي:

- تطوير المناهج التعليمية بمفهومها الشامل لتستجيب للتطورات العلمية و التقنية الحديثة ، وتلبي الحاجات القيمية والمعرفية والمهنية والنفسية والبدنية والعقلية والمعيشية لدى الطالب والطالبة.
- إعادة تأهيل المعلمين و المعلمات، و تهيئتهم لأداء مهامّهم التربويّة و التعليميّة بما يحقّق أهداف المناهج التعليميّة المطوّرة.
- تحسين البيئة التعليمية و تأهيلها و تهيئتها لإدماج التقنية و النموذج الرقمي للمنهج ؛ لتكون بيئة الفصل والمدرسة بيئة محفزة للتعلّم من أجل تحقيق مستوى أعلى من التحصيل والتدريب .
- تعزيز القدرات الذاتية و المهارية و الإبداعية و تنمية المواهب و الهوايات و إشباع الرغبات النفسية لدى الطلاب والطالبات، و تعميق المفاهيم و الروابط الوطنيّة و الاجتماعيّة من خلال الأنشطة غير الصفية بمختلف أنواعها.

ويقوم هذا المشروع على أربعة برامج هي:

أ- برنامج التأهيل والتدريب:

ويهدف هذا المشروع إلى الوصول إلى نظام تأهيل وتطوير مهني فاعل لصناعة كوادر تربوية تعليمة تجسد القيم التربوية،وتمتلك كفايات العمل التربوي والتعليمي، يعتمد على كفاءة بشرية محترفة تمثل الكفاية الداخلية، ويستند إلى معايير عالمية، يسهم في تمهين العملية التعليمية وتجويد مخرجاتها . ويرتكز على:

ترتكز عملية التخطيط للتطوير المهني في برنامج التدريب والتأهيل لشاغلي الوظائف التعليمية وشاغلاتها،والفئات الإدارية المساندة على مجموعة من الركائز المهمة التي تمثل المرجعية في خطط ومشاريع التطوير المهني،التي تحددها مجموعة من المعايير المعتبرة الدولية والمحلية. والشكل التالي يوضح هذه المرتكزات:

سياسات برنامج التأهيل والتدريب :

عملية التطوير المهني للمعلمين والمعلمات عملية منظمة تسير وفق خطط وأهداف وفلسفة واضحة المعالم تعكس تطلعات المجتمع،وتراعي طبيعة المتلقي نفسه وطبيعة التعليم والتعلم،وهي تقوم على السياسات التالية :

١. التطوير المهني حق لجميع شاغلي الوظائف التعليمية والإدارية دون تمييز ؛ كل وفق حاجته .

٢. التطوير المهني يتسم بالاستمرارية وذلك لإبقاء المعلمين والمعلمات والإداريين على علم دائم بالتطورات الجديدة في نظم التعليم وعمليات التدريس .

٣. التطوير المهني يتسم بالشمول يشترك فيه جميع المشاركين من شاغلي الوظائف التعليمية وشاغلاتها من مختلف الفئات .

٤. التطوير المهني ليس مجرد ترميم بل وسيلة فاعلة لمسايرة التطور في المجالات العلمية والتربوية .

٥. التطوير المهني يبنى على التشارك بين جميع عناصر العملية التعليمية .

٦. التطوير المهني يهدف لتحسين نوعية التربية المدرسية من خلال ارتباط عملية التدريب بالمناهج التعليمية،وتلبية احتياجات المؤسسة التعليمية .

٧. التطوير المهني يركز على التقويم المستمر لعمليات التدريب ونتائجه، حسب المعايير الموضوعة .

٨. التطوير المهني يراعي الخصوصية لقطاع البنات.

مجالات التطوير في برنامج التأهيل والتدريب :

التدريب الفاعل هو نتاج تفاعل مجموعة من العوامل التي تؤثر فيه، ومن الطبيعي أن يكون التطوير هنا تطويراً شاملاً لكل مجالات وعناصر العملية التدريبية، لذا فإن العناصر أو المجالات التي سيطالها التطوير في برنامج التأهيل والتدريب هي :

• برامج التطوير المهني .

• عمليات التدريب .

• النظم واللوائح .

• البيئة التدريبية.

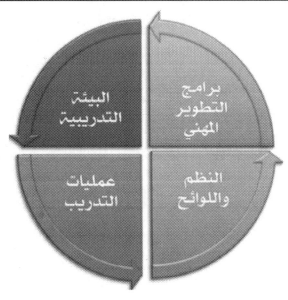

٢- برنامج تحسين البيئة التعليمية:

يهدف البرنامج إلى الإسهام في بناء مجتمع المعرفة، وذلك بالعمل على تحسين البيئة التعليمية وجعلها بيئة تقنية تفاعلية محفزة لكافة أفرادها، ويمكن تحقيق هذا الهدف بالدمج المثالي للتقنية في التعليم،وبتعزيز التطبيقات التقنية المتقدمة في كافة المقررات والمناشط وبالتدريب المستمر.

وبعد استعراض عناصر ومكونات التغيير إلى المجتمع المعرفي ، تقدم (تطوير) نموذج البناء الطبقي لإحداث التغيير المنشود،كما في الشكل أدناه حيث يستند النموذج على عنصرين أساسين في جميع مكوناته هما:

- الجودة النوعية (Quality Assurance)
- التدريب والتطوير (Training and Development)

اعتمد النموذج على خطوات محددة يتم الانتقال إليها تباعاً في كل خطوة على المحافظة على الجودة النوعية العالية و التطوير والتدريب المستمر ويمكن تلخيص هذه الخطوات في الآتي:

- وجود بنية تحتية تتمثل في شبكات الاتصال والعتاد.

بناء النظم والتطبيقات الأساسية والمتمثلة في أنظمة التشغيل وأدوات أتمتة المكتب الحديث والتطبيقات المتنوعة وتطبيقات الشبكة العالمية للمعلومات إضافة إلى وجود أمان عالي في المعلومات المتبادلة.

بناء التطبيقات التعليمية المتنوعة والمتعددة والمتمثلة في:

(١) تطبيقات المؤتمرات والتخاطب عن بعد بواسطة أفضل التقنيات المستخدمة في ذلك المجال،وذلك لوجود التواصل الدائم بين أعضاء مجتمع المعرفة وتبادل المعلومات.

(٢) التعليم عبر الشبكة العالمية للمعلومات.

(٣) بناء المواد التعليمية بالنظر إلى الحاجات وانطلاقاً من الأولويات وإيضاحاً للمفاهيم التي يجد الطالب صعوبة في تعلمها والتي تساعد المعلم على تسريع وصول المعلومة للطالب في زمن وجهد أقل.

(٤) العروض المرئية التعليمية (فيديو حسب الطلب).

(٥) المكتبة الرقمية.

(٦) أنظمة إدارة المحتوى. (CMS)

(٧) أنظمة إدارة التعلم. (LMS)

واجهة التطبيق : والمتمثلة في واجهة يمكن الوصول إليها في أي وقت وأي مكان ( ) وواجهة يمكن الوصول إليها في وقت محدد وفي أي مكان لتدعيم التواصل الفوري بين أعضاء مجتمع المعرفة (ONLINE).

وهذه الواجهة يتعدد المستفيدون منها لتصل إلى كافة أفراد المجتمع ممثلة في: الطالب - المعلم - ولي الأمر - الإداري ، ليتحقق بذلك مفهوم مجتمع المعرفة.

ويقوم على هذا البرنامج عدد من المشروعات منها:

٢- بوابة "تطوير" العملية التعليمية:

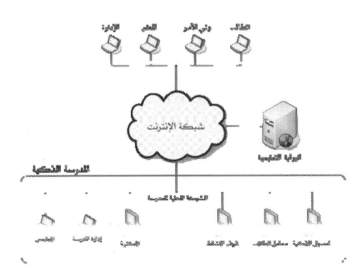

يمثل الشكل أعلاه بناء بوابة" تطوير العملية التعليمية" والتي يستفيد منها كافة أفراد المجتمع في مجتمع المعرفة الذي تصبو إليه عملية التطوير، وتحتوي البوابة على مجموعة من الأدوات التي يمثلها الشكل الآتي:

والتي تنتج مجموعة كبيرة ومتنوعة من الخدمات التربوية والتعليمية

٢- مدارس "التطوير" الذكية:

مدرسة "تطوير" الذكية

يمثل الشكل أعلاه مكونات مدرسة "التطوير " الذكية والتي تحتوي على:

◂ قاعات تدريب ونشاط : وتحتوي على مجموعة من التجهيزات الخاصة والمناسبة لتقديم التدريب وممارسة الأنشطة المتنوعة.

🔸 المكتبة الرقمية : والتي يتم الوصول إليها بكل سهولة بواسطة كافة أفراد" مجتمع المعرفة" عبر بوابة "مجتمع المعرفة" التعليمية.

🔸 المعامل والمختبرات الافتراضية : وتحتوي على مجموعة من البرمجيات والأدوات المتصلة بالحاسوب (الحساسات الإلكترونية) والتي تحاكي الواقع وتيسر التعلم بالنسبة للطالب.

🔸 الفصل الذكي : ويحتوي على مجموعة نوعية عالية من التجهيزات يمثلها الشكل أدناه والذي يوضح مكونات الفصل الذكي.

١- شبكة "التطوير" التعليمية:

وهي شبكة تربط جميع محافظات المملكة ومدنها ببعضها البعض بما يحقق الأهداف التعليمية المشتركة، ونهضة المملكة.

٢- محتوى "التطوير" الرقمي:

ويمثل الشكل أعلاه مكونات محتوى "التطوير "الرقمي والذي يحتوي على:

🔹 المنهج الدرا : ويتم فيه توفير وتطوير المناهج الدراسية رقمياً وفق المعايير الدولية للتعليم الإلكتروني،مراعية في ذلك الأسس التربوية لبناء المنهج والأسس الفنية للمحتوى الذي يساعد على وصول المعلومة للطالب بأقل جهد ممكن،وبمدة زمنية قصيرة مع إمكانات عالية في التطبيق والتجريب.

🔹 المواد الإثرائية : و يتم فيه تطوير مواد إثرائية تساعد المعلم على العطاء داخل الصف، وتساعد الطالب على البحث من خلال عن مزيد من المعلومات.

٣- مركز "التطوير" للتحكم والدعم:

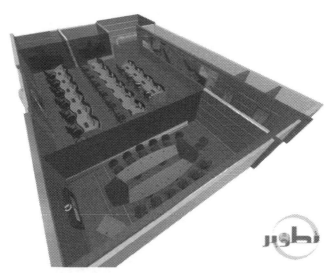

يقع المركز في مبنى المشروع ، ويرتبط بجميع مدارس المشروع عن طريق شبكة عالية السرعة حيث يقوم المركز بالمهام الآتية:

🖎 المتابعة المركزية لجميع أنظمة مدارس تطوير.

🖎 الدعم المركزي لجميع مدارس تطوير.

🖎 مراقبة أداء الأنظمة الإلكترونية للمدارس و مركز بيانات التطوير.

🖎 زيادة سرعة القرارات و الأوامر.

🖎 كفاءة نشر القرارات والأوامر.

٤-   مركز بينات "التطوير"للبيانات:

ويقع المركز في مبنى المشروع ، ويتولى المركز مجموعة من المهام تتحدد في الآتي:

🖎 استضافة جميع العتاد الخاص بأنظمة مشروعات التطوير

🖎 توفير شبكة الإتصال.

🖎 توفير بيئة مناسبة للمشاريع (أنظمة منع الحريق، أنظمة ضمان استمرارية الكهرباء)

🖎 توفير الحماية اللازمة للموقع (شبكة أمنية، أنظمة التحكم بالدخول)

٥- **قاعات تدريب "التطوير" الذكية:**

هي قاعات تخدم برنامج (تدريب وإعادة تأهيل المعلمين والمعلمات) بحيث يتم تجهيزها بأحدث الأنظمة التي تخدم برامج تدريب المعلمين والمعلمات والطلاب والطالبات لكي يتم تدريب المستخدمين على جميع الأنظمة المستخدمة مع استخدامها للدورات التربوية.

ويوجد نوعين من قاعات التدريب للنوع الأول داخل نطاق المدرسة والنوع الثاني خارج نطاق المدرسة كما هو موضح في الآتي:

- قاعة تدريب داخل نطاق المدرسة:

حيث يوجد في كل مدرسة قاعة تدريبية واحدة (على هيئة قاعة عادية) تستخدم لتدريب المعلمين والمعلمات داخل نطاق المدرسة. يجب توفير جميع الأنظمة التي تساعد عملية التدريبية لكي تتم الاستفادة من الدورات التدريبية على الوجه المأمول.

- قاعات تدريب خارج نطاق المدرسة:

حيث توجد قاعات تدريب خارج نطاق المدرسة (على هيئة مدرجات), وهي موزعة على ٢٣ منطقة من مناطق المملكة. يجب توفير جميع الأنظمة التي تساعد عملية التدريبية لكي تتم الاستفادة من الدورات التدريبية على الوجه المأمول

٨-مبادرة "حاسب" لكل معلم وطالب:

تسعى المبادرة في المشروع إلى توفير حاسب لكل معلم وطالب حيث يعد وجود الجهاز للمعلم والطالب جزءا مهما لتوظيف الحاسب وتقنية المعلومات الحديثة في العملية التعليمية بهدف تطويرها،وربط الطالب والمعلم بكافة الأنظمة والتطبيقات التي تعتبر جزء من منظومة التعليم والتعليم.

ويمثل الشكل التالي مشروعا لتطوير " في برنامج " تحسين البيئة التعليمية"وفق نموذج "البناء الطبقي
"

كما يمثل الشكل التالي تقاطعات مشروعا " تطوير " في برنامج " تحسين البيئة التعليمية: "

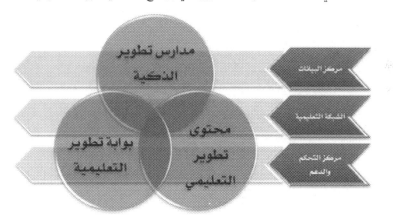

برنامج تطوير المناهج التعليمية:

تتمثل رؤية هذا البرنامج في صناعة مناهج تعليمية رائدة ذات تفاعلية تقنية عالية؛ متمركزة حول المتعلم، ومحفِّزةٍ نحو الإبداع والمنافسة؛ وفق منظومة قِيَمية ومعرفية ومهارية متوازنة؛ تُحقق وطنية التفاعل وعالمية التفكير .أما رسالة هذا المشروع فتتمثل في:

توظيف أقصى طاقةمن العنصر البشري السعودي، والإمكانات التقنية المتخصصة، واستراتيجيات التصميم التعليمي، والخبرات العالمية؛ لتقديم مناهج تعليمية ذات سمات رقمية عالية الجودة؛ قادرة على غرس القيم وتفعيلها، وتطوير المهارات وتطبيقها، وقيادة المتعلم نحو الإبداع والتفكير والمنافسة، وإنتاج المعرفة وتطويرها، وتنويع استراتيجيات التعليم والتعلم؛ ودمج التقنية في فعالياتها؛ لتحقيق احتياجات كافة شرائح المتعلمين في مراحل التعليم العام، وتوطين خبرات ريادية في مجال صناعة المنهج وتطويره .

الموجهات العامة للبرنامج:

المناهج الدراسية أحد أهم عناصر العملية التعليمية التي تؤثر في كافة العمليات التنفيذية،وتقود إلى إحداث التغيير وفق ما تتضمنه من استراتيجيات وأهداف ومحتويات تعليمية ونشاطات تعلم مخطط لها،وأساليب تقويم تدفع نحو فعالية التعلم والتأكد من تحققه ونمائه، وتشير الدراسات التربوية إلى أن المناهج التعليمية هى الأداة الأسرع تأثيرًا في إحداث التطوير المُنظَّم للتعلم، وتنمية القيم والاتجاهات،والمهارات والممارسات السلوكية السليمة، والتى من خلالها يمكن تهيئة المتعلم للحياة، وتوفير سياق متسلسل يكفل تنامي الخبرات التعليمية وتحقيقها، وتمكين المتعلم من المهارات اللازمة للمنافسة والاندماج في المسارات الاجتماعية المختلفة؛ بما يتلاءم مع طبيعته واحتياجاته، كما يمكن من خلال تطوير المناهج إحداث أنماط من التغيير الاجتماعي الإيجابي؛ لأن أبناء اليوم هم قادة المستقبل، وطلاب اليوم هم المؤثرون في عجلة الحياة ومسيرة المجتمع عندما يباشرون مسئوليات الإنتاج والعمل.

وانطلاقًا من هذه الأهمية كان توجيه خادم الحرمين الشريفين يقضي باعتماد تطوير المناهج مدخلاً أساسياً من مداخل تطوير التعليم العام .

المنطلقات والتطلعات:

انطلاقاً من النظام الأساسي للحكم في المملكة العربية السعودية؛ الذي ينطلق من دين الإسلام منهجًا للحياة،وتمثيلاً للسياسة التعليمية العامة التي حددت الإطار العام

للغايات والأهداف العريضة للتعليم والمصادر التي يُعتمد عليها لاشتقاق هذه الأهداف؛ فإن برنامج تطوير المناهج ينطلق من مبادئ أساسية ترتكز على أن الإسلام ومنظومته القِيَمِيَّة والأخلاقية والحضارية منطلق أساسي للتطوير، وموجه للمواقف؛ ومدخل لتحقيق التفاعل الواعي مع الثقافات المتنوعة في عصر الانفتاح والقرية الكونية، وأن الحفاظ على هوية المتعلمين، والتأكيد على المواطنة الإيجابية، والانتماء الوطني، والقيم الإيجابية للمجتمع، والحرص على تلاحمه، وتنميته، والحفاظ عليه، وصيانته مسؤولية مشتركة، والمنهج أحد أهم المؤثرات لتحقيقها، وأن اللغة العربية التي هي لغة القرآن الكريم ،وبها نقل إلينا الإرث الحضاري والثقافي لمجتمعنا؛ والحفاظ عليها حفاظ على هويتنا وثقافتنا.

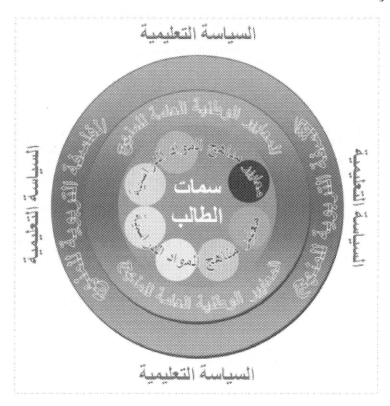

الأهداف العامة لبرنامج تطوير المناهج

يهدف برنامج تطوير المناهج التعليمية إلى تطوير نوعي في مناهج التعليم بما يخدم المجالات التالية :

- تنمية شخصيات المتعلمين العلميّة والعمليّة ومهارات التفكير .
- توفير التعليم بما يتناسب مع قدرات الطلاب وميولهم .
- التوازن فيما يقدم من كم معرفي في ضوء حاجات المتعلمين ومتطلبات العصر .
- التحول من التركيز على المحتوى المعرفي إلى عمليات التعلم،بما يضمن تطبيق ما يتعلمه المتعلم،ويترجمه إلى مهارات حياتية يوظفها في حل مشكلات الحياة .
- العناية بالتحول من المواد المنفصلة والتلقين إلى تكامل المعرفة والتفاعل التعليمي،والتعامل مع متغيرات العصر وفق رؤية شرعية ووطنية متزنة .
- استثمار الخبرات العالمية في بناء المناهج .
- بناء خبرات وطنية في مجالات صناعة المنهج .
- تحقيق نقلة نوعية في إعداد الكتاب المدرسي والمواد المصاحبة .
- تحقيق الرقمية في المناهج ودمج التقنية في التعليم.
- ويتم تنفيذ هذا البرنامج من خلال العناصر الآتية :

بناء المعايير العامة للمنهج "Curriculum Standards" ، ومعايير المواد التخصصية، وتطوير المناهج في ضوئها

- بناء دور خبرة ومراكز للتصميم التعليمي " Instructional Design "
- تطوير مناهج المراحل الأساسية بما ينمي الشخصية المتوازنة للمتعلم ويغرس لديه القيم ويطور المهارات الحياتية .
- تطوير مناهج المرحلة الثانوية بما يسهم في التهيئة لسوق العمل
- تطوير المناهج الرقمية كاملة التفاعلية بما يسهم في تفعيل التعلم الذاتي وتوظيف التقنية في عمليات التعلم .
- إعادة تأهيل العاملين في صناعة المناهج .
- بناء خبراء في صناعة المناهج.

المراحل الأساسية لتطوير المناهج :

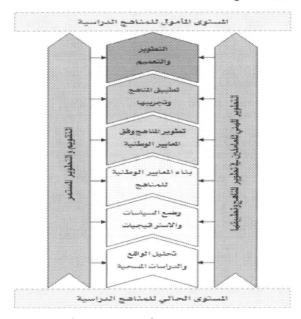

- وتمثل تلك المراحل خط الإنتاج العام باعتبار أن صناعة المنهج أشبه ما يكون بحقل إنتاجي يمر بجميع هذه المراحل، وينبثق من كل مرحلة منها عدد من الإجراءات أو العمليات،التي تنفذ من خلال نشاطات متعددة تكون بمجموعها تلك العمليات،ومن ثم تتحقق أهداف كل مرحلة من المراحل .

برنامج دعم النشاط غير الصفي:

تتمثل رؤية هذا البرنامج في عمل أنشطة غير صفية مفيدة جاذبة شاملة وذات جودة عالية. أما رسالته فهي تقديم أنشطة غير صفية متنوعة ذات جودة عالية تثري خبرات الطالب والطالبة وتصقل المهارات والمواهب في بيئة محفزة. والهدف الاستراتيجي للبرنامج يتمثل في تقديم أنشطة غير صفية مثالية لبناء الشخصية الإسلامية المتوازنة المتكاملة للطالب والطالبة لخدمة الدين والمجتمع والوطن. أما الأهداف العامة فتتمثل في:

توجيه الأنشطة غير الصفية لتحقيق ما يلي :

١.   تعميق قيم و مبادئ الدين الإسلامي في نفوس الطلاب والطالبات وترجمتها إلى واقع عملي .

٢. تعزيز الولاء والانتماء للوطن والمحافظة على مكتسباته .

٣. رعاية القيم والاتجاهات والممارسات الإيجابية صحياً وفكرياً ونفسياً واجتماعياً .

٤. دعم التعاون بين المدرسة والأسرة ومؤسسات المجتمع .

٥. توفير البيئة المناسبة لاكتشاف مواهب و ميول الطلاب وتنميتها في مراحل التعليم المبكرة .

٦. إكساب الطلاب المهارات الحياتية اللازمة للتعايش مع المجتمع بإيجابية .

٧. إثراء الجوانب النظرية والتطبيقية للمواد الدراسية في جميع التخصصات .

٨. استثمار أوقات الفراغ من خلال برامج ترويحية تربوية هادفة .

٩. إعداد الطلاب لدورهم الريادي في مسيرة البناء والإنماء للوطن .

البرامج العامة للنشاط :

تم تضمين ستة برامج عامة للنشاط غير الصفي تنطلق منها أنشطة ومشروعات فرعية في مختلف مجالات النشاط (البدني والرياضي، الثقافي ، العلمي ، الكشفي ، الفني، الاجتماعي ، المهني) بما يتناسب مع إمكانات المدرسة البشرية والمادية وعدد الطلاب وهي:

- الأنشطة المعززة للصحة .

- قادة المستقبل.

- الأنشطة الإبداعية العلمية والتكنولوجية.

- الحوار والاتصال.

- التهيئة لسوق العمل.

- الأنشطة التطوعية

نتائج مشروع جلالة الملك عبد الله بن عبد العزيز حفظه الله:

أثمر مشروع جلالة الملك عبد الله بن عبد العزيز حفظه الله عن تحسن ملحوظ في نتائج التحصيل الدراسي للطلاب في مدارس "تطوير" والشكل التالي يوضح ذلك:

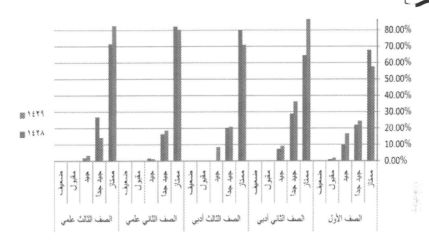

نتائج لإحدى مدارس تطوير في العام الدراسي ١٤٢٨/١٤٢٩هـ والعام الدراسي ١٤٢٩/١٤٣٠هـ

ويتم عمل التقويم الذاتي للمدارس من خلال مجموعة من المحاور التي يوضحها الشكل التالي:

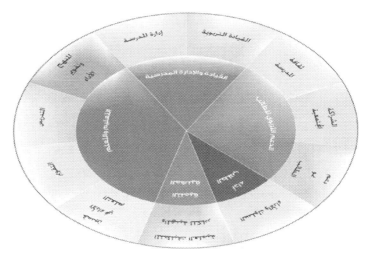

نموذج قياس التقويم الذاتي للمدرسة في مدارس تطوير

والشكل التالي يوضح مقارنة لنسب تحقق هذه المعايير بين مدارس البنين والبنات:

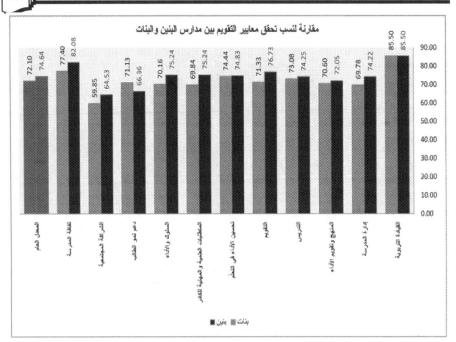

كما زاد حجم التعامل بالإنترنت في مدارس التطوير بشكل ملحوظ، والشكل التالي يوضح حجم التعامل بالإنترنت خلال أسبوع دراسي:

حجم التعامل بالإنترنت خلال أسبوع دراسي.

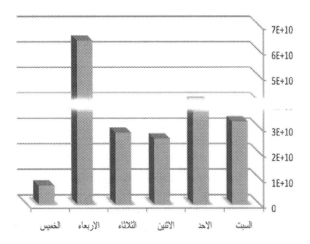

رابعًا: تطوير التعليم الجامعي في عهد خادم الحرمين الشريفين الملك عبد الله بن عبد العزيز:

يعد التعليم الجامعي ركيزة أساسية للتنمية والتطوير والتقدم، فالثروة ورأس المال الحقيقي ينبعان من الاستثمار في العنصر البشري الوطني المؤهل الذي يستطيع النهوض بأمته ووطنه إلى مصاف الدول المتقدمة. وقد أصبح واضحاً أن بناء الإنسان هو الطريق الأسلم للبناء والرقي والتقدم، ومن هذا المنطلق حرصت حكومة خادم الحرمين الشريفين وسمو ولي عهده الأمين على السير في هذا التوجه إيماناً منهما بأهمية دوره في مسيرة التنمية.

وتقوم وزارة التعليم العالي والجامعات بتنفيذ سياسات الدولة في تطوير التعليم الجامعي من منطلق التوجيهات السامية التي تهدف إلى الرقي بمستوى التعليم الجامعي كماً ونوعاً، وبما يتلاءم مع الظروف والمستجدات المحلية والعالمية.

وقد شهد التعليم العالي خلال السنوات الأربع الماضية قفزات كبيرة وتطوراً هائلاً شمل جميع جوانب العملية التعليمية، وغطى جميع مناطق المملكة ومحافظاتها المختلفة، لتحظى كل منطقة بجامعة مستقلة وبعضها الآخر بأكثر من ذلك حسب الكثافة السكانية ليرتفع عدد الجامعات خلال السنوات الأربع الماضية من (٨) إلى (٢٠) جامعة حكومية.

وعندما رأت وزارة التعليم العالي أن الحاجة ومتطلبات التنمية تستدعي إنشاء مجمعات للكليات الجامعية في المحافظات لتعزيز التنمية فيها والحد من الهجرة إلى المدن الرئيسة، إضافة إلى توفير أكبر عدد ممكن من فرص القبول للتعليم الجامعي توسعت في تهيئة سبل ذلك من خلال إنشاء العديد من المجمعات الجامعية في المحافظات المختلفة لمدن المملكة؛ مما ترتب عليه زيادة المحافظات المشمولة بمؤسسات التعليم العالي إلى (٧٩)، كما ارتفع خلال الفترة نفسها عدد المستشفيات الجامعية من (٣) إلى (١٢).

وقد تحقق خلال السنوات الأربع الماضية زيادة كبيرة في إنشاء وافتتاح الكليات المختلفة،والتي تم من خلالها مراعاة متطلبات التنمية واحتياج سوق العمل المحلية.

١- مشروعات الجامعات الجديدة ومجمعات الكليات الجامعية:

وفيما يأتي أبرز مشروعات الجامعات والكليات:

- جامعة الباحة: يقع المشروع على مساحة (٨) ملايين متر مربع، ويضم الكليات الآتية: كلية العلوم (طلبة وطالبات) كلية المجتمع، كلية العلوم الطبية التطبيقية (طلبة وطالبات) كلية الهندسة، كلية الطب، كلية التربية، كلية الآداب والعلوم الإنسانية، كلية العلوم الإدارية والمالية في مدينة الباحة، وكلية العلوم والآداب في محافظة المخواة. وكلية العلوم والآداب في محافظة المندق، وكلية العلوم والآداب في محافظة بلجرشي.

- جامعة نجران: يقع المشروع على مساحة (١٨) مليون متر مربع ويضم الكليات الآتية: كلية المجتمع، كلية علوم الحاسب الآلي ونظم المعلومات، كلية العلوم الطبية التطبيقية، كلية العلوم، كلية الهندسة، كلية الطب، كلية طب الأسنان، كلية الصيدلة، كلية العلوم الإدارية، كلية اللغات، كلية التربية،كلية العلوم والآداب في مدينة نجران، وكلية العلوم والآداب في محافظة شرورة.

- جامعة الجوف: يقع المشروع على مساحة تتجاوز (٥) ملايين متر مربع، ويضم الكليات الآتية:كلية العلوم للبنين، كلية العلوم الطبية التطبيقية، كلية الهندسة، كلية الطب، كلية طب الأسنان، كلية الصيدلة، كلية علوم الحاسب والمعلومات، كلية العلوم الإدارية والإنسانية، كلية التربية، كلية المجتمع،كلية القانون، كلية العمارة والتخطيط في مدينة سكاكا،وكلية المجتمع، كلية العلوم الطبية التطبيقية في محافظة القريات،وكلية العلوم والآداب في محافظة دومة الجندل، وكلية العلوم والآداب في محافظة طبرجل.

- جامعة جازان: يقع المشروع على مساحة إجمالية تصل إلى (٩) ملايين متر مربع ويضم الكليات الآتية: كلية المجتمع للبنين، كلية الهندسة، كلية الحاسب الآلي ونظم المعلومات، كلية الطب، كلية العلوم الطبية التطبيقية، كلية العلوم، كلية طب الأسنان، كلية الصيدلة، كلية إدارة الأعمال، كلية التربية، كلية الآداب والعلوم الإنسانية، كلية التصميم والعمارة في مدينة جازان،وكلية العلوم والآداب في محافظة صامطة، كلية العلوم والآداب في محافظة فرسان، كلية العلوم والآداب في محافظة الدرب.

- جامعة الحدود الشمالية: تنقسم إلى مجمعين : الأول في مدينة عرعر بمساحة (٧) ملايين متر مربع والآخر في محافظة رفحاء بمساحة (٥) ملايين متر مربع وتضم الكليات الآتية: كلية العلوم ، كلية العلوم الطبية التطبيقية ، كلية الطب ، كلية الهندسة ، كلية إدارة الأعمال ، كلية المجتمع ، كلية التربية والآداب، كلية الاقتصاد المنزلي للبنات في مدينة عرعر، و كلية المجتمع ، كلية الحاسبات وتقنية المعلومات ، كلية الصيدلة ، الكلية الجامعية في محافظة رفحاء، وكلية المجتمع في محافظة طريف.

- جامعة حائل: تقع على مساحة تتجاوز (٩) ملايين متر مربع وتضم الكليات الآتية: كلية المجتمع، كلية الهندسة، كلية علوم وهندسة الحاسب الآلي، كلية العلوم، كلية الطب، كلية التربية، كلية الآداب والفنون، كلية القانون.

- جامعة تبوك: يقع المشروع على مساحة (٩) ملايين متر مربع ويضم الكليات الآتية: كلية المجتمع، كلية العلوم الطبية التطبيقية، كلية العلوم، كلية الطب، كلية الهندسة، كلية التربية والآداب ، كلية الحاسبات وتقنية المعلومات، كلية الاقتصاد المنزلي في مدينة حائل. والكلية الجامعية في محافظة ضباء.

- مجمع الكليات الجامعية في الخرج: يقع المشروع على مساحة تتجاوز مليون متر مربع ويضم الكليات الآتية: كلية المجتمع، كلية العلوم، كلية العلوم الطبية التطبيقية، كلية الهندسة، كلية إدارة الأعمال، كلية الطب، كلية هندسة وعلوم الحاسب، كلية طب الأسنان، كلية الصيدلة.

- مجمع الكليات الجامعية في شقراء ويضم الكليات الآتية: كلية المجتمع، كلية العلوم والآداب.

- مجمع الكليات الجامعية في الزلفي ويضم الكليات الآتية: كلية المجتمع، كلية العلوم.

- مجمع الكليات الجامعية في المجمعة ويضم الكليات الآتية: كلية العلوم الطبية التطبيقية، كلية الهندسة، كلية العلوم الإدارية والإنسانية.

- مجمع الكليات الجامعية في حفر الباطن ويضم كلية المجتمع.

- مجمع الكليات الجامعية في المزاحمية ويضم الكليات الآتية: كلية العلوم، كلية إدارة الأعمال، كلية الحاسب الآلي والمعلومات.

- مجمع الكليات الجامعية في الدوادمي ويضم الكليات الآتية: كلية المجتمع، كلية العلوم، كلية الهندسة.

- مجمع الكليات الجامعية في الأفلاج ويضم كلية المجتمع

وقد وقعت الوزارة مؤخراً عقود إنشاء عدد من المشروعات الجامعية في عـدد مـن محافظات المملكة المختلفة من فائض الميزانية. وتـشمل المـشروعات إنشاء الموقع العام والبنية التحتية وكلية العلوم وكلية الحاسب الآلي وكلية إدارة الأعمال وإسكان

أعضاء هيئة التدريس بمجمع الكليات الجامعية في المزاحمية، وإنشاء إسكان أعضاء هيئة التدريس بمجمع الكليات الجامعية في الزلفي، وإنشاء إسكان أعضاء هيئة التدريس بمجمع الكليات الجامعية في شقراء، وإنشاء إسكان أعضاء هيئة التدريس بمجمع الكليات الجامعية في المجمعة، وإنشاء الموقع العام وإسكان أعضاء هيئة التدريس بمجمع الكليات الجامعية في الأفلاج، وإنشاء إسكان أعضاء هيئة التدريس بمجمع الكليات الجامعية في حفر الباطن.

وهناك مشروعات قطعت شوطًا كبيرًا في البناء، ففي جامعة تبوك يتم حاليا تنفيذ الموقع العام، كما أن هناك مشروعات في الجامعة نفسها تم طرحها في منافسة عامة تمهيداً لترسيتها والبدء في تنفيذها وهي: كلية الطب، وإنشاء كلية العلوم الطبية التطبيقية، وكلية العلوم، وكلية الهندسة، ومبنى إدارة الجامعة، والعمادات، وإسكان أعضاء هيئة التدريس والطلاب.

وفي جامعة الباحة يتم حاليا تنفيذ كلية العلوم، وكلية المجتمع، والموقع العام، كما أن هناك مشروعات فيها تم طرحها في منافسة عامة تمهيداً لترسيتها والبدء في تنفيذها وهي: كلية الطب، وكلية العلوم الطبية التطبيقية، وكلية الهندسة، ومبنى إدارة الجامعة، والعمادات، وإسكان أعضاء هيئة التدريس والطلاب.

وفي جامعة الحدود الشمالية يتم حاليا تنفيذ كلية العلوم، والموقع العام في مدينة عرعر، وكلية المجتمع، والموقع العام في فرع الجامعة في محافظة رفحاء، كما أن هناك مشروعاً في الجامعة نفسها تم طرحها في منافسة عامة تمهيداً لترسيتها والبدء في تنفيذها وهي: كلية الطب، وكلية العلوم الطبية التطبيقية، وكلية الهندسة، وإسكان أعضاء هيئة التدريس والطلاب في مدينة عرعر.

وفي جامعة جازان يتم حاليًا تنفيذ كلية المجتمع، وكلية العلوم، والموقع العام، كما أن هناك مشاريع في نفس الجامعة تم طرحها في منافسة عامة تمهيداً لترسيتها والبدء في تنفيذها وهي: كلية الطب، وكلية الحاسب الآلي، وكلية العلوم الطبية التطبيقية، وكلية الهندسة، والموقع العام لقسم الطالبات، ومبنى إدارة الجامعة،

والعمادات، والمستشفى الجامعي، وإسكان أعضاء هيئة التدريس والطلاب، والبحيرة المائية في الموقع العام.

وفي جامعة حائل يتم حاليًا تنفيذ كلية المجتمع، وكلية العلوم، والموقع العام، وإسكان أعضاء هيئة التدريس، كما أن هناك مشروعات في الجامعة نفسها تم طرحها في منافسة عامة تمهيداً لترسيتها والبدء في تنفيذها وهي: كلية الطب، وكلية علوم وهندسة الحاسب الآلي، وكلية الهندسة، ومبنى إدارة الجامعة، والعمادات، والمستشفى الجامعي.

وفي جامعة الجوف يتم حاليًا تنفيذ كلية العلوم، وكلية العلوم الطبية التطبيقية، والموقع العام.

وقد أصدرت الوزارة كتاباً يرصد مراحل التشييد بعنوان: أعمال التنفيذ والإنشاء للجامعات الجديدة ومجمعات الكليات الجامعية ــ سجل فوتوغرافي ــ ١٤٢٩هـ

٢-برنامج خادم الحرمين الشريفين للابتعاث الخارجي:

كان الابتعاث في بداية انطلاقة البرنامج مقتصراً على الولايات المتحدة الأمريكية في مرحلته الأولى، وبعد ذلك تم توسيع قاعدة دول الابتعاث في المرحلتين الثانية والثالثة لتشمل معظم الدول المتقدمة بما فيها اليابان، والصين، وكوريا الجنوبية، ودول أوروبا الغربية، وكندا، وأستراليا، ونيوزيلندا.

ويقوم برنامج خادم الحرمين الشريفين للابتعاث الخارجي بابتعاث الطلبة والطالبات السعوديين والسعوديات إلى أفضل الجامعات العالمية وأكثرها تقدماً وذلك في مختلف دول العالم لمواصلة دراساتهم في المراحل الآتية: البكالوريوس، الماجستير، الدكتوراه، الزمالة الطبية.

وتحدد التخصصات وأعداد المبتعثين بما يتوافق مع حاجة سوق العمل، واحتياجات المناطق والمحافظات والجامعات والمدن الصناعية، حيث يسعى البرنامج إلى تأهيل الشباب السعودي للقيام بدوره في التنمية في مختلف المجالات في القطاعين العام والخاص.

ويسعى البرنامج إلى تنمية الموارد البشرية السعودية وإعدادها وتأهليها بشكل فاعل؛ لكي تصبح منافساً عالمياً في سوق العمل ومجالات البحث العلمي، ورافداً أساسياً في دعم الجامعات السعودية والقطاعين الحكومي والأهلي بالكفاءات المتميزة.

وتتلخص أبرز أهداف البرنامج فيما يلي:

ـ بناء كوادر سعودية مؤهلة ومحترفة في بيئة العمل.

ـ رفع مستوى الاحترافية المهنية وتطويرها لدى الكوادر السعودية.

ـ تبادل الخبرات العلمية والتربوية والثقافية مع مختلف دول العالم.

ـ العمل على إيجاد مستوى عالٍ من المعايير الأكاديمية والمهنية من خلال برنامج الابتعاث، ويتيح البرنامج العديد من التخصصات وهي:

ـ الطب، طب الأسنان، الزمالة.

ـ الصيدلة.

ـ التمريض.

ـ العلوم الصحية: الأشعة، المختبرات الطبية، التقنية الطبية، العلاج الطبيعي.

ـ الهندسة: المدنية، المعمارية، الكهربائية، الميكانيكية، الصناعية، الكيميائية، البيئية، الاتصالات، الآلات والمعدات الثقيلة.

ـ الحاسب الآلي: هندسة الحاسب، علوم الحاسب، الشبكات وغيرهامن التخصصات.

ـ العلوم الأساسية: الرياضيات، الفيزياء، الكيمياء، الأحياء.

ـ تخصصات أخرى: القانون، المحاسبة، التجارة الإلكترونية، التمويل، التأمين، التسويق.

وقد أدى التوسع في الابتعاث إلى زيادة كبيرة جداً في أعداد المبتعثين، حيث زادت أعدادهم من ٢٩٠٠ قبل خمس سنوات إلى ما يزيد على ٥٠ ألف طالب وطالبة.

٣- التعليم الأهلي الجامعي:

تضمنت الخطة السادسة للتنمية (١٤١٥ـــ ١٤٢٠هـ) ضمن أهدافها الاهتمام بتوسيع قاعدة التعليم العالي من خلال مشاركة القطاع الخاص بافتتاح الكليات الأهلية، حيث تضمن قرار مجلس الوزراء رقم ٣٣ الصادر عام ١٤١٨هـ الموافقة على تمكين

القطاع الأهلي من إقامة مؤسسات تعليمية لا تهدف إلى الربح, وذلك على أسس إدارية وعلمية واقتصادية ومالية سليمة للمساهمة في تلبية احتياجات التنمية مكملة بذلك الدور الذي تقوم به الجامعات الحكومية.

وفي تاريخ ١٤٢١/٩/١هـ صدر قرار مجلس الوزراء رقم ٢١٢ بالموافقة على لائحة الكليات الأهلية التي مكنت القطاع الخاص والمؤسسات الخيرية من إنشاء كليات أهلية. وفي عام ١٤٢٣هـ صدر قرار مجلس الوزراء رقم ٨٧ بالموافقة على تأجير الأراضي الحكومية بأسعار رمزية، وتقديم القروض الميسرة للكليات الأهلية. وفي تاريخ ١٤٢٧/٨/١٨هـ صدر التوجيه السامي الكريم رقم ٦٣٠٤/م ب بالموافقة على مشروع المنح الدراسية لطلاب وطالبات التعليم العالي الأهلي.

وقد قامت وزارة التعليم العالي بتحديد المعايير والضوابط والأسس التي تبنى عليها العلاقة بين الوزارة والكليات الأهلية في المملكة،التي اتبعت في أساسها التوجه العلمي السليم. ويبلغ عدد مؤسسات التعليم العالي الأهلي (٧) جامعات و(١٩) كلية موزعة على مناطق المملكة المختلفة.

وفيما يتعلق بمشروع المنح الدراسية لطلاب وطالبات التعليم العالي الأهلي، تقوم الوزارة بدفع رسوم هذه المنح،ووضع الضوابط والآليات لتوزيعها بنسبة وتناسب، بما يضمن توزيع المنح الدراسية بين الجامعات والكليات الأهلية بما يحقق الفرص العادلة، على ألا يزيد عدد المنح الدراسية على (٣٠) في المائة من إجمالي عدد طلاب الجامعة أو الكلية في نهاية العام الدراسي. وقد بدأت الوزارة بهذا المشروع في العام الدراسي الماضي كمرحلة أولى واستفاد منه أربعة آلاف طالب وطالبة.

٤-مراكز التميز البحثي:

لتحقيق متطلبات خطة التنمية الثامنة للمملكة العربية السعودية التي ركزت على دعم وتشجيع البحث العلمي،والتطور التقني لتعزيز كفاءة الاقتصاد الوطني، سعت وزارة التعليم العالي لمواكبة هذا التوجه نحو اقتصاد المعرفة من خلال مشروع مبادرة "مراكز التميز البحثي".

وتهدف الوزارة من خلال مشروع مراكز التميز البحثي إلى تشجيع الجامعات على الاهتمام بنشاط البحث العلمي والتطوير، حيث عملت الوزارة على دعم توجهات بحثية قائمة أصلاً وحديثة النشأة في الجامعات السعودية، وفي تخصصات ومجالات متعددة،بهدف إبراز نقاط القوة ومجالات التميز فيها ورعايتها وبلورتها في مراكز أكاديمية بحثية لتتولى الصدارة بإذن الله على المستويين الوطني والإقليمي.

وقد قامت الوزارة خلال المرحلة الأولى لمشروع مراكز التميز البحثي بدعم إنشاء (١٣) مركزا بحثيا في عدد من الجامعات بتكلفة (٥٥٠) مليون ريال، وقد بدأ توقيع أول العقود في شهر المحرم من عام ١٤٢٨هـ وهي:

- مركز التميز البحثي في المواد الهندسية في جامعة الملك سعود.
- مركز التميز البحثي في الجينوم الطبي في جامعة الملك عبد العزيز.
- مركز التميز البحثي في تكرير البترول والكيماويات في جامعة الملك فهد للبترول والمعادن.
- مركز التميز البحثي في النخيل والتمور في جامعة الملك فيصل.
- مركز التميز البحثي في التقنية الحيوية في جامعة الملك سعود.
- مركز التميز البحثي في الدراسات البيئية في جامعة الملك عبد العزيز.
- مركز التميز البحثي في الطاقة المتجددة في جامعة الملك فهد للبترول والمعادن.
- مركز التميز البحثي في أبحاث الحج والعمرة في جامعة أم القرى.
- مركز التميز البحثي للتآكل في جامعة الملك فهد للبترول والمعادن.
- مركز التميز البحثي لفقه القضايا المعاصرة في جامعة الإمام محمد بن سعود الإسلامية.
- مركز التميز البحثي لهشاشة العظام في جامعة الملك عبد العزيز
- مركز التميز البحثي لتطوير تعليم العلوم والرياضيات في جامعة الملك سعود.
- مركز التميز البحثي لتقنية تحلية المياه في جامعة الملك عبد العزيز

وتهدف هذه المراكز إلى الإسهام في دعم وتطوير الإمكانات البحثية والأنشطة المهنية في التخصص، وتقديم المساعدات الممكنة للجهات والمؤسسات التي تحتاج لخبرة

وإمكانات المركز البحثية والعلمية، وكذلك تشجيع العديد من التخصصات وربطها فيما بينها وذلك من أجل تطوير طرق جديدة للتقنيات المختلفة، إضافة إلى دعم الشراكة بين الباحثين والعلماء والجهات الحكومية والخاصة لابتكار تقنيات متطورة وإيجاد بيئة مناسبة لمساعدة الباحثين من أجل حلول ابتكارية لمشاريع معينة.

٥-المركز الوطني للتعلم الإلكتروني والتعليم عن بعد:

يعد مشروع المركز الوطني للتعلم الإلكتروني والتعليم عن بعد للتعليم الجامعي في وزارة التعليم العالي أحد مشاريع الوزارة التي تخدم في المقام الأول تطوير منظومة التعليم الجامعي في مملكتنا الغالية، وهو إضافة مهمة لعديد من المشاريع الضخمة التي دشنتها الوزارة أخيرا. وكانت واحدة من المنطلقات الصلبة لهذا المشروع التوجيه الكريم من خادم الحرمين الشريفين الملك عبد الله بن عبد العزيز ـ حفظه الله ـ عام ١٤٢١هـ بوضع الخطة الوطنية لتقنية المعلومات، وعمل آليات لتطبيقها، والتي نادت بضرورة توسيع إدراج التعلم الإلكتروني في مؤسسات التعليم الجامعي، وإيجاد مركز وطني لهذا النوع من التعلم. وقد بادرت الوزارة بتفعيل هذا التوجه المهم المبني على عمق استراتيجي رائد، ورغبة حثيثة في الارتقاء بجودة ما يتلقاه أبناء هذه البلاد المباركة في المرحلة الجامعية،وصولاً لصياغة حضارية لتعليم جامعي حسب أحدث الأساليب والتقنيات المتاحة، وقد اعتمدت الوزارة (٩٥) مليون ريال كجزء من المرحلة الأولى ليستطيع المركز القيام بواجباته على أكمل وجه.

ويهدف المركز إلى دعم نشر تطبيقات التعلم الإلكتروني والتعليم عن بعد في مؤسسات التعليم الجامعي بما يتوافق مع معايير الجودة،والإسهام في توسيع الطاقة الاستيعابية لمؤسسات التعليم الجامعي من خلال تطبيقات التعلم الإلكتروني،والتعليم عن بعد،وكذلك نشر الوعي التقني،وتعميم ثقافة التعلم الإلكتروني،والتعليم عن بعد،والإسهام في بناء مجتمع معلوماتي, إضافة إلى دعم المشاريع المتميزة في مجالات التعلم الإلكتروني والتعليم عن بعد في مؤسسات التعليم الجامعي ،ووضع معايير الجودة النوعية لتصميم وإنتاج ونشر المواد التعليمية،وأيضاً تقديم الاستشارات للجهات ذات

العلاقة بمجالات التعلم الإلكتروني والتعليم عن بعد،وبناء البرمجيات التعليمية وتعميمها لخدمة العملية التعليمية في القطاعين العام والخاص.

٦-الجمعيات العلمية:

إدراكاً من وزارة التعليم العالي لواقع الجمعيات العلمية وما تقدمه الجامعات من دعم لها لتحقيق أهداف إنشائها، واستشعاراً في الوقت نفسه بما يعترض بعض هذه الجمعيات من صعوبات إدارية ومالية في تفاعلها مع مجتمعها الأكاديمي،أو مع المجتمع المحلي أو العالمي، وتشجيعاً لإنشاء هذه الجمعيات في الجامعات وفقاً لما تحدده القواعد المنظمة للجمعيات العلمية في الجامعات السعودية، بدأت وزارة التعليم العالي خلال العامين الماضيين بمشروع إنشاء (مقار) الجمعيات العلمية في جامعات المملكة، حيث يتم عمل تقييم لكل جامعة من حيث عدد الجمعيات العلمية، وهو مشروع ضخم يهدف إلى القضاء على الصعوبات المالية التي تواجه الجمعيات لتقوم بدورها العلمي والبحثي على أكمل وجه كما يهدف إلى تنمية الفكر العلمي في مجال التخصص،والعمل على تطويره وتنشيطه،بالإضافة إلى تيسير تبادل الإنتاج العلمي والأفكار العلمية في مجال اهتمامات الجمعية بين الهيئات والمؤسسات المعنية داخل المملكة وخارجها، وقد خصصت الوزارة (٤٠) مليون ريال لبناء مقر للجمعيات العلمية في جامعتي الملك سعود وجامعة الملك عبد العزيز بعد أن حصلتا على أفضل تقييم، وفي العام التالي سيتم إضافة جامعة أخرى.. وهكذا.

ويبلغ عدد الجمعيات العلمية السعودية في جامعات المملكة (٩٤) جمعية في مختلف التخصصات مثل: الجمعية العلمية السعودية للإنترنت في جامعة القصيم، والجمعية العلمية السعودية للتقنية الحيوية بجامعة طيبة، والجمعية العلمية السعودية للمعلوماتية الصحية في جامعة الملك سعود بن عبد العزيز للعلوم الصحية، والجمعية العلمية السعودية للأدب العربي في جامعة أم القرى، والجمعية العلمية السعودية لعلوم العقيدة والأديان والفرق والمذاهب في الجامعة الإسلامية، والجمعية العلمية السعودية للغة العربية في جامعة الإمام محمد بن سعود الإسلامية، والجمعية العلمية التاريخية السعودية في جامعة الملك سعود، والجمعية العلمية السعودية للنساء والولادة في جامعة

الملك عبد العزيز، والجمعية العلمية السعودية للمهندسين الكهربائيين في جامعة الملك فهد للبترول والمعادن، والجمعية العلمية السعودية للطب البيطري في جامعة الملك فيصل، والجمعية العلمية السعودية للعلوم الفيزيائية في جامعة الملك خالد.

٧-الهيئة الوطنية للتقويم والاعتماد الأكاديمي:

الهيئة هي السلطة المسؤولة عن شؤون الاعتماد الأكاديمي في مؤسسات التعليم فوق الثانوي عدا التعليم العسكري، وتتمتع بالشخصية المعنوية والاستقلال الإداري والمالي.

وقامت الهيئة بتنفيذ ثلاثة مشاريع منذ تأسيسها هي:

مشروع التطبيق التجريبي لنظام الاعتماد وضمان الجودة؛ حيث رأت الهيئة قبل الشروع في تطبيق نظام التقويم والاعتماد الأكاديمي وضمان الجودة بصورة شاملة على جميع مؤسسات التعليم العالي في المملكة،تطبيقه بصورة تجريبية في المرحلة الأولى على عدد محدد من مؤسسات التعليم العالي، وقد تم اختيار كل من جامعة الملك عبد العزيز في جدة، وجامعة الأمير سلطان الأهلية في الرياض، وقد تم إجراء تقويم تجريبي على المستوى المؤسسي لكل من الجامعتين المشاركتين، بينما اقتصر التقويم البرامجي على برامج أكاديمية مختارة،وقد حققت الهيئة والجامعات المشاركة نتائج كثيرة من خلال تطبيق هذا المشروع سواء على مستوى التقويم المؤسسي أو على مستوى التقويم البرامجي، وقد أدت هذه النتائج إلى تبني خطوات تطويرية وإلى التعرف بصورة عملية على الجوانب اللوجستية المتنوعة والكثيرة المرتبطة بتطبيق النظام.

وقد قدمت الهيئة الدعم والمساندة للجامعتين المشاركتين في المشروع خلال مدة المشروع حيث عقدت عدداً من ورش العمل، وقامت بتدريب المعنيين من منسوبي الجامعتين حول عدد من الجوانب المرتبطة بتطبيق المشروع شملت الموضوعات الآتية: مقدمة حول أنظمة توكيد الجودة، نظام الاعتماد وتوكيد الجودة الوطني، والتقويم الذاتي على المستوى المؤسسي، والتقويم الذاتي على المستوى البرامجي.

مشروع برنامج المنح الدراسية للمتفوقين من طلبة مؤسسات التعليم العالي الأهلي، ويهدف إلى التأكيد على تحسين جودة مخرجات مؤسسات التعليم العالي الأهلية.

مشروع التقويم التطويري لنظام الاعتماد وضمان الجودة، ويعد استكمالا للجهود المبذولة لتفعيل نظام التقويم والاعتماد الأكاديمي وضمان الجودة الذي أعدته الهيئة،وسوف يعزز المشروع قدرات اثنتين من أكبر الجامعات الحكومية لاستيفاء متطلبات النظام وهما: جامعة الملك سعود وجامعة الملك فيصل، ويهدف المشروع إلى تعزيز قدرات أعضاء هيئة التدريس في الجامعتين الخاضعتين للتقويم فيما يتعلق بإعداد وثائق دراسة التقويم الذاتي والتعامل مع إجراءات التقويم الخارجي بالإضافة إلى تقويم استراتيجية التقويم التخصصي لبرامج تخصص معين وبشكل متزامن لدى أكثر من مؤسسة تعليمية.

بالإضافة إلى تقويم الترتيبات التنظيمية والخطوات التنفيذية لعمليات التقويم المركبة في الجامعات الكبيرة.

٨-مشروع تنمية الإبداع والتميز لأعضاء هيئة التدريس في الجامعات:

في إطار اهتمام وزارة التعليم العالي بتطوير العملية التعليمية في الجامعات السعودية، قامت الوزارة بدعم مشروع يستهدف تنمية الإبداع والتميز لدى أعضاء هيئة التدريس في جامعات المملكة من خلال تطوير قدراتهم عن طريق عقد العديد من الدورات والبرامج التدريبية،ومن أبرز البرامج المقترح تنفيذها خلال الفصل الأول من العام المقبل: برنامج التأهيل التكنولوجي في المجال التعليمي لأعضاء هيئة التدريس في الجامعات السعودية، أساليب تقويم الطلاب، التعليم بالتفكير، فن إدارة الاجتماعات، الفعالية الشخصية لعضو الهيئة التدريسية،سد الفجوة بين مهارات استخدام الحاسب والتعليم الإلكتروني لدى أعضاء هيئة التدريس، مهارات البحث عن مصادر المعلومات وإجراء الدراسات المسحية عبر الإنترنت، المدرس كمدرب ومستشار.

٩-مشروع برنامج رعاية الطلاب المتميزين في الجامعات السعودية:

طرحت وزارة التعليم العالي مبادرة تحفيزية للطلاب المتميزين في الجامعات السعودية عبر (برنامج الوزارة الصيفي لرعاية الطلاب المتميزين في الجامعات السعودية)،والذي يهدف إلى مد جسور التواصل العلمي والثقافي بين شريحة متميزة من طلاب الجامعات

السعودية والبيئات الأكاديمية في الخارج بما ينمي الرغبة في الانتماء الأكاديمي لمؤسسات التعليم العالي،ويهيئ الفرصة للطلاب المتميزين في الجامعات السعودية لتطوير قدراتهم وتنمية مهاراتهم بما يعود بالنفع على المواقع التي سيتولون قيادتها مستقبلاً.

ويركز البرنامج على محورين أساسيين هما:

١. تعزيز الجانب المهاري في اللغة الإنجليزية استماعاً وتحدثاً وقراءة وكتابة.

٢. تنمية المهارات الشخصية وصقل الخبرات. ويشمل ذلك المهارات القيادية،ومهارات التواصل،وتعزيز الإبداع والابتكار والتفكير الإبداعي النقدي؛حيث سيتم إثراء البرنامج بأنشطة غير صفية هادفة ومختلفة كتنفيذ زيارات لمؤسسات جامعية ومراكز أبحاث عالمية وشركات مميزة.

ويمتد البرنامج على مدى ثمانية أسابيع ويقام خلال الإجازة الصيفية الحالية في عدد من الدول المتقدمة علمياً ومنها: بريطانيا، وإيرلندا، وكندا، ونيوزيلندا. وسيشارك في البرنامج أكثر من (١٠٠) طالب من المتميزين الحاصلين على معدل أكاديمي (٣.٧٥) من (٥) أو (٣) من (٤) أو ما يعادلها حيث سيتم ترشيحهم من قِبل الجامعات.

١٠-القبول في الجامعات:

سعت وزارة التعليم العالي والجامعات إلى توسيع قاعدة القبول في الجامعات لاستيعاب خريجي الثانوية العامة من خلال التوسع في افتتاح الجامعات والكليات حيث شهد التعليم العالي توسعاً ملحوظاً في افتتاح العديد من الكليات في مناطق المملكة، وقد بلغ عدد المتخرجين السعوديين من الثانوية العامة للعام الدراسي ١٤٢٩/١٤٢٨هـ (٢٦٧.١٢٢) طالبا وطالبة. وقد بلغ عدد المقبولين في التعليم الجامعي (٢٣٦.٠٠٠) طالباً وطالبة أي بنسبة ٨٨ في المائة من عدد المتخرجين من الثانوية العام، إضافة إلى من تم قبولهم في برنامج خادم الحرمين الشريفين للابتعاث الخارجي في مرحلته الرابعة وهي

النسبة الأكبر في العالم؛حيث إن أعلى نسبة قبول في التعليم الجامعي في العالم بلغت ٥٠ في المائة من عدد المتخرجين من الثانوية العامة.

الفصل السادس

تحديات ومشكلات نظام التعليم بالمملكة العربية السعودية

الفصل السادس

تحديات ومشكلات نظام التعليم بالمملكة العربية السعودية

أولا: التحديات التربوية في التعليم العام:

يتميز العصر الحالي بتزايد تحدياته وضغوطه التي تحمل بين طياتها العديد من الفرص التي يمكن استثمارها لصالح نظمنا التعليمية، وفي الوقت نفسه بها الكثير من المخاطر التي ينبغي العمل على تجنبها، والاستعداد الجيد لمواجهتها من خلال النظام التعليمي على مختلف المجالات والأصعدة، وقد أوردت فاتن عزازي(٢٠١٠)هذه التحديات على النحو التالي:

أ-تحديات اقتصادية:

من أقوى التحديات التي تتصدر هذا المجال اتفاقية الجات (GATS) اتفاقية تدويل التجارة الخدمية (General Agreement on Trade in Services)؛حيث تعتبر الموافقة على اتفاقية تدويل التجارة التي أقيمت بين الدول الأعضاء بمنظمة التجارة العالمية له العديد من النتائج المهمة والمثيرة للجدل والتحليل والنقاش، حيث إن تأثير هذه الاتفاقية في الخدمات التعليمية تنطوي على الكثير من الأخطار والمنافع في الوقت نفسه، ولذلك فقد اختلفت حولها الآراء ما بين مؤيد ومعارض. وكلما زاد التوجه نحو اقتصاديات السوق وتحرير التجارة العالمية والخصخصة والقيم الربحية في الاقتصاد،قوي الضغط علي المؤسسات التربوية وعلي النظام التعليمي بأسره في سبيل أن يسلك نفس الاتجاه، وقويت مثل هذه الاتجاهات في ظل حكومات الأحزاب المحافظة، ولاسيما في الولايات المتحدة الأمريكية وبريطانيا واستراليا،وقد تنبأ أحد خبراء الاقتصاد بالتوجه نحو اعتماد القطاع الخاص من أجل تمويل التعليم، مما يعني إخضاع التعليم للمصالح الخاصة.

وتعد الشركات متعددة الجنسيات القوة المتحكمة في التكنولوجيا، ويزداد حجمها بصورة متنامية يفوق مداها العالمي مسئوليتها العالمية، ويستبعد الكثيرون قيام هذه الشركات الدولية بتضييق الهوة بين الأغنياء والفقراء، بل علي العكس من ذلك.

كما أن ظهور التكتلات العالمية العملاقة مثل (الوحدة الأوربية – النافتا الأمريكية – وحدة الشرق أوسطية – التعاون الباسيفيكي) في الوقت الذي يزداد تراجع دور الجامعة العربية،والوحدة الأفريقية يزيد من هذه التحديات، ويلقي بالعبء علي التعليم حتي يستطيع مواجهتها.

وتحمل هذه التحديات الاقتصادية العديد من المخاطر التي لا يمكن تجاهلها؛ فالتحرير المالي ساعد الكثير من المجرمين الدوليين علي عولمة الكثير من الأنشطة الإجرامية، وخلق العديد من المشكلات للبلدان الأكثر فقرا، كما عانت الحكومات من تآكل سلطاتها؛ فهي الآن أقل قدرة علي السيطرة علي انتقال الأموال والمعلومات عبر الحدود، وكل هذه المخاطر تلقي بالعبء الكبير علي جميع البلدان بشكل عام لمواجهة هذه المخاطر، وعلي النظم التعليمية بشكل خاص، باعتبارها الأساس الرئيس للتنمية في كل البلدان.

وتحتم هذه التأثيرات الاقتصادية علي الدول اللجوء إلي المزيد من المشاركة الشعبية، والجهود الأهلية في تمويل التعليم، والتحول من الأنماط المركزية في الإدارة إلي اللامركزية، والبحث عن نظم تعليمية جديدة تتواكب مع تغيرات العصر.

كما إنها تنعكس علي النظم التربوية؛ حيث إنها تلقي علي كاهلها مسئولية إعداد الأجيال للمنافسة في سوق العمل العالمي، وربط السياسة التربوية بالاقتصادية والعلمية والتكنولوجية، واستغلال شبكة الإنترنت لاقتناء الموارد التعليمية، وإقامة البني الأساسية لصناعة المعلومات وتنمية القدرة الذاتية لتطوير البرمجيات التعليمية.

ب-تحديات علمية تكنولوجية وثقافية:

شهد العالم تطوراً تكنولوجيا كبيراً منذ ميلاد "نظرية الكم" عام ١٩٢٥، والتي مكنتنا من فهم المادة، والتحكم فيها، ثم تلتها "ثورة الكمبيوتر" التي مكنتنا من حشد ملايين الترانزستورات في مساحة بحجم ظفر الإصبع، ثم "الثورة البيوجزيئية"،

والتي من المتوقع أن تحل شفرة الجينوم البشري، وتعطينا القدرة علي التحكم في الكثير من الأشياء التي كنا نقف أمامها عاجزين، كل هذه التطورات تستتبع بالضرورة تطورات في الكثير من المجالات، مما يزيد العبء علي النظام التعليمي، حتي تواكب مناهجه العلم الحديث من جهة، وتساعد طلابه علي التفكير المبدع لحسن استثمار هذه التكنولوجيا في تطبيقات مفيدة للبشرية من جهة أخري.

وبالرغم من هذه الثورة التكنولوجية الكبيرة التي لا نستطيع إنكار فوائدها في شتي المجالات، وخاصة في النظام التعليمي، بما تحمله من تعدد في وسائط المعرفة، والكمبيوتر التعليمي، والتعليم عن بعد، وغيرها من الأمور التي تعد طفرة تعليمية كبيرة، إلا أن هذه العولمة - لاسيما التكنولوجية والثقافية - تحمل بين طياتها العديد من المخاطر التي لا يمكن تجاهلها والتغافل عنها؛ لما لها من أثر كبير علي المجتمع بشكل عام، وعلي النظام التعليمي بشكل خاص، ومن أهم هذه المخاطر:

- أدت العولمة إلي تراجع اللغة العربية في مواجهة الإنجليزية، وزيادة الشعور بالاغتراب، وضعف الانتماء، وتنامي نزعات العنف والتطرف، وتعميق الثقافة الاستهلاكية، والتسطيح الفكري، وزيادة الفوارق الطبقية، مما يحتم علي المؤسسة التعليمية أن تقوم بدورها من جديد في إعادة تشكيل المواطن القادر علي مواجهة تلك المخاطر، والاستفادة من هذه الفرص.
- تزييف وعي الشعوب؛ فكلما بدأ شعب في الظهور حاولت الحكومات تزييف وعي هذا الشعب، والتلاعب بعقله، أما قبل هذا الظهور فتلجأ إلي القمع، والقهر،وهنا يبرز أهمية دور التربية في تنمية العقل الواعي الناقد لما حوله، والذي يصعب تزييفه وخداعه.
- إهدار الخصوصية علي شبكة الإنترنت بدعوى تعقب الإرهاب، ومراقبة المجرمين، مما يبرز دوراً مزدوجاً للتربية؛ فهي من جانب تنمي لدي الطلاب أهمية احترام خصوصية الغير، ومن جانب آخر تزيد الوعي بكيفية تجنب انتهاك الخصوصية.

يتبين مما سبق كيف أن المستجدات الحضارية - ولاسيما التكنولوجية - قد سيطرت علي سلوكيات الأفراد، فبينما نجد أن مجرد حجم الشبكات العالمية، وكثافتها، وتأثيرها، وتدفقات المعلومات وتفاعلها تجبر الدول علي أن تعيد النظر في

علاقات التعليم، وأواصره بالسياسة والاقتصاد والمجتمع والثقافة فإن إقامة تكنولوجيا تقوم علي أساس نظم المعلومات والاتصالات تسهل مثل هذه العمليات، وتوجد سياقات وبيئات جديدة سيجري فيها تعليم الأفراد في المستقبل.

ج-تحديات اجتماعية وسياسية:

أصبحت هناك قوة واحدة مسيطرة علي مستوي العالم، وهي الولايات المتحدة الأمريكية وذلك بعد انهيار الاتحاد السوفيتي، وهي التي تحكم العالم وتتحكم فيه، وما حدث من إصرار أمريكا علي ضرب العراق، وإطلاق يد إسرائيل في فلسطين بالقتل والإبادة الجماعية للشعب الفلسطيني، وتراجع الدور العربي في مواجهة تلك الأحداث، يشير إلي خطر محدق يذكرنا بالمثل القائل "أكلت يوم أكل الثور الأبيض ".

ولقد أثرت هذه الأحداث علي جميع دول العالم الثالث بشكل عام، وعلي الوطن العربي بشكل خاص؛ نظراَ لصراعه مع إسرائيل الحليف الأول للولايات المتحدة الأمريكية، ولعل أبرز أوجه هذا التأثير هو تزايد الاهتمام ببعض المفاهيم العالمية التي لم تعرها بعض الحكومات بالا، مثل الديمقراطية، والحرية، وحقوق الإنسان، والتسامح، والسلام، وغيرها من المفاهيم التي تتخذها القوة المسيطرة علي العالم ذريعة لانتهاك حرمات أي دولة قد تشكل عليها خطرا، أو تجلب لها نفعا.

مما أدي إلي تنامي دور المجتمع المدني (المنظمات الدولية غير الحكومية) مثل منظمات حقوق الإنسان، وحماية البيئة، ومراقبة الانتخابات، ومساعدة اللاجئين، وغيرها من المنظمات ذات الصبغة العالمية، والتي غدت تتدخل بصورة مباشرة في قرارات الدول، وتشريعاتها، وهذا ما أكدت عليه الوثيقة الرئيسة للمؤتمر الثاني لوزراء التربية والتعليم والمعارف العرب؛ حيث ذكرت أن "الدولة ربما تفقد جزءاَ كبيراَ من قدراتها علي اتخاذ وإقرار السياسات والبرامج التعليمية، كما أن مؤسسات المجتمع المدني (المحلية والعالمية) سوف يزداد تأثيرها في مجال وضع السياسات، واتخاذ القرارات التعليمية".

والتعليم ليس بمنأى عن هذه الأحداث؛ فما يجري علي الساحة السياسية يشكل خطراً كبيراً، يتعاظم الإحساس به يوما بعد يوم؛حيث إنه قد يؤدي إلي التدخل الأجنبي في المناهج الدراسية، وبث المفاهيم التي يرتضيها النظام الدولي الأوحد،مما يلقي بالعبء الثقيل علي الحكومات؛ لحماية نظمها التربوية من أي تدخل أجنبي في المنهج،قد يزيّف وعي طلابه، إما بالمذكور فيه، أو بالمسكوت عنه.

ولعل هذا ما دعي وزراء التربية والتعليم والمعارف العرب إلي تقرير أنه: " لم يعد هناك مناص من أن يتفق العرب علي تحد تاريخي لبناء رأس المال البشري الراقي النوعية، وإقامة قدرة ذاتية في التقنية تغير من ميزان القوة في المنطقة، فالمؤكد أن البديل الموضوعي الوحيد للعرب إزاء الدعم الخارجي لإسرائيل هو ترقية التعاون العربي، وصولاً لأشكال أرقي من التوحد، تزيد من قوتهم في المعترك الدولي عامة، وفي مواجهة إسرائيل خاصة،وبقي أن يختار العرب هذا السبيل، ويقطعوا أشواطا بعيدة في تنفيذه، وأن يترجم لفعل حاسم في مضمار التربية".

ثانيا: مشكلات نظام التعليم بالمملكة ومقترحات علاجها:

تواجه المملكة العديد من المشكلات التربوية المتعلقة بالتعليم العام ، بعض هذه المشكلات متعلقة بإدارة التعليم،والبعض الأخر تتعلق بالمدرسة كمنظومة تعليمية تواجه العديد من المشكلات.

وقد صنفت عزة جلال (٢٠١٠) هذه المشكلات إلى محورين على النحو التالي:

المحور الأول : مشكلات تتعلق بإدارة التعليم.

والتى يمكن إجمالها فى المشكلات الآتية :

أولا : مركزية الأنظمة الإدارية التعليمية .

ثانيا : تضخم الجهاز الإدارى.

ثالثا : قلة القيادات التربوية المؤهلة.

رابعا : قصور التقنية الإدارية.

خامسا : قصور الاهتمام بالبحث العلمى لتطوير الجوانب الإدارية.

المحور الثاني : مشكلات تعليمية تتعلق بالمدرسة ونوعية التعليم .

والتى يمكن إجمالها فى المشكلات الآتية :

أولا : تزايد الطلب على التعليم.

ثانيا : نقص المبانى المدرسية.

ثالثا : تقليدية دور المعلم.

رابعا :ضعف الأقبال على التعليم الفنى.

خامسا :ضعف الكفاءة الخارجية لنظام التعليم.

سادسا :الأستخدام الأمثل لتكنولوجيا التعليم.

سابعا :الهدر التربوى فى التعليم.

ثامنا : نقص فاعلية تدريب المعلمين.

تاسعاَ:ضعف العلاقة بين المدرسة والأسرة.

عاشرا : التقويم والاختبارات.

المحور الأول : مشكلات تتعلق بإدارة التعليم.

أثبتت الأبحاث أن الجانب الإدارى من أهم الجوانب التى يجب أخذها في الإعتبار عند التفكير فى تنفيذ خطط التنمية لأى قطاع من القطاعات سواء كانت إقتصادية أو اجتماعية أو تربوية؛حيث إن النظرة لرأس المال كمحور للتنمية نظرة تقليدية تلاشت من الأذهان ، وأصبحت النظرة الحالية للتنمية تركز على العنصر البشرى باعتبار أن الإستثمار فيه يعد أفضل استثمار ، وأن تحقيق التنمية يعنى بالضرورة بلوغ حالة من الكفاءة الإدارية تُمكن المجتمع من تعبئة موارده البشرية والمادية والعلمية فى مختلف

المجالات ، أما التخلف فمعناه قصور المجتمع عن تعبئة وتشغيل وتوجيه موارده المادية والبشرية بالمعدلات المرجوه وفق مستوى أهدافه ومتطلباته.

وقد لعبت الإدارة التعليمية بالمملكة العربية السعودية دوراً بارزاً فى تطوير النواحى التعليمية ، والتى أدت بدورها الى تحديث المجتمع السعودى نسبياً، الى أن هذه الإدارة التعليمية بالمملكة تعتبر من الإدارات التعليمية فى الكثير من الدول النامية تواجه العديد من التحديات نظراً لحداثة النظام التعليمى السعودى وطبيعة العاملين فيه ،وامكانياته وإطاره الاجتماعى والحضارى .

وفيما يلى مناقشة لهذه المشكلات والتحديات التى تواجه الإدارة التعليمية بالمملكة العربية السعودية ومحاولة وضع بعض الحلول والبدائل المقترحة لهذه المشكلات .

أولا: مركزية الانظمة الإدارية التعليمية :

إن تعدد المركزية من أبرز سمات وملامح الادارة التعليمية في المملكة ، علي الرغم من ان الاتجاهات الحديثة تدعو الي مبدا اللامركزية في المؤسسات التعليمية ؛ حيث تعطي اللامركزية سلطات واسعة لنطاقات تعليم تساعد علي تحقيق التطور والتحديث المستمر داخل مؤسسات التعليم ، ولكن بالنظر إلي نظام إدارة التعليم السعودي يتضح لنا أن المسؤولين الإداريين بالمرافق التعليمية ليس لهم سلطات تخطيط تذكر ،كما أن تلك المناطق الغير مستقلة من الناحية الادارية والمالية ،وتنحسر مسؤليتها الأساسية في تنفيذ قرارات السلطات الإدارية العليا بوزارة التربية والتعليم أو نائبه لتعليم البنين أو نائبة لتعليم البنات .

❖ الحلول والبدائل المقترحه لمعالجة هذه المشاكل :

١- منح مسؤولي الإدارات التعليمية الكثير من السلطات الإدارية التي تمكنهم من إتخاذ وصنع القرارات وليس التركيز علي تنفيذها فقط .

٢- عدم تطبيق اللا مركزية المطلقة؛حيث إن اللا مركزية تكون إدارية فقط بالنسبة لهذا المستوي الإداري أما النواحي المالية فتخضع للمركزية حتي لا تعم الفوضي .

٣- تدريب قيادات الإدارة التعليمية علي كيفية إتخاذ القرارات الرشيدة .

٤- عمل نظام محاسبي (مساءلة) يحساب علي مدى القدرة في تنفيذ القرارات مقابل السلطات الممنوحة .

ثانيا : تضخم الجهاز الاداري .

أدي التوجه نحو زيادة عدد المقبولين في مدارس التعليم العام ، إلي زيادة أعداد الإداريين من الناحية الكمية علي حساب الجانب الكيفي ، مما أدى إلي تضخم الجهاز الإداري في المؤسسات التربوية بدرجه أدت إلي ارتفاع تكاليف العمل الإداري داخل ميزانيات التعليم ؛حيث أدت هذه الزيادة الكبيرة إلي إيجاد نوع من البطالة الإدارية المقنعة التي سوف تؤثر في المستقبل علي النظام الإدري للتعليم،وكذلك سوف تؤثر علي الموارد المالية المخصصه للتعليم التي كان يمكن استغلالها في أوجه تنموية تربوية مختلفة.

❖ **الحلول والبدائل المقترحه لمعالجة هذه المشاكل :**

١- تدريب هذه العمالة علي أعمال أخري داخل المؤسسات التربوية للاستفادة منها .

٢- توزيع الفائض علي الإدارات الأخرى التي تعاني من عجز للاستفادة من هذه العمالة.

ثالثا : قلة القيادات التربوية المؤهلة .

تعاني الإدارة التعليمية بالمملكة العربية السعودية من قله القيادات التربوية المؤهلة التي تستطيع تحمل المسؤليات والأعباء الإدارية للادارة التعليمية في المناطق المختلفة ،وقد يكون ذلك بسبب قلة أعداد هذه القيادات ، مما أدى إلي استقطاب القطاع الحكومي والأهلي لبعض القيادات . هذا إلي جانب ضعف الحواجز المالية والمعنوية التي تقدمها الإدارة التعليمية لهذه القيادات ، لذلك نجد أن [illegible]

وهذا بلا شك ينعكس سلبياَ علي أدائهم لرسالتهم التربوية .

❖ **الحلول والبدائل المقترحه لمعالجة هذه المشاكل :**

١- اعداد برامج تدريبية كافية ومناسبة لرفع كفاءة ومهارات وخبرات هذه القيادات .

٢- الاهتمام ببرامج التدريب المقدمة لهذه القيادات من حيث المحتوى والأساليب المستخدمة والمدة المقدمة فيها هذه البرامج حتى تحقق النتائج المرجوة منها .

٣- ربط التدريب بتحفيز هذه القيادات سواء كان التحفيز مادي او معنوي.

رابعا : قصور التقنية الإدارية .

نظراً للدور الحيوي الذي تلعبه تكنولوجيا الاتصال والمعلومات في تحديث الاعمال الإدارية ، فقد تطورت أساليبها في مختلف الوظائف الإدارية ،وعلى الرغم من تحديث معالجة المعلومات من قبل الإدارات التعليمية السعودية على كافة المستويات،إلا أن بعض هذه الأساليب ما زالت بسيطة وتقليدية خاصة في حفظ السجلات والوثائق ،مما يسبب إرباك العاملين وصعوبة استرجاع المعلومات المطلوبة وكثرة ضياعها وسهولة تسربها وارتفاع كلفة تخزينها .

❖ الحلول والبدائل المقترحه لمعالجة هذه المشاكل :

١- إدخال الأساليب التكنولوجية الحديثة المتعلقة بحفظ واسترجاع وتخزين الملفات إلى الوظائف الإدارية الموجودة بالإدارة التعليمية .

٢- التدريب الجيد للموظفين على كيفية استخدام هذه التكنولوجية لتسهيل استخدامها على قناعة من جانبهم .

خامسا : قصور الاهتمام بالبحث العلمي لتطوير الجوانب الادارية .

إن التطور في الهياكل والتنظيمات والسياسات الإدارية التربوية ليس عملية وليدة الصدفة ،إنما تنبع في الأصل من نتائج الأبحاث والدراسات العلمية المقننة ،ولكن الملاحظ على مستوى المملكة أنه ما زال هناك قصوراً في الأبحاث والدراسات التي تتناول الجوانب الإدارية،والمشكلات التي تعاني منها،والأساليب والطرق التي يمكن بها تطورهذه الهياكل والتنظيمات.

❖ **الحلول والبدائل المقترحه لمعالجة هذه المشاكل :**

١- تعاون الجامعات مع الإدارات التعليمية للوقوف علي جوانب القصور في الجوانب الإدارية وتشجيع أعضاء هيئه التدريس علي القيام بأبحاث ودراسات يمكن من خلالها إيجاد حلول لهذه المشكلات في ضوء التوجهات العالمية في هذا الصدد .

٢- تشجيع وتحفيز القائمين علي الأعمال الإدارية علي تقديم مقترحاتهم بشأن المشكلات الحالية والمستقبلية المتعلقه بمجالاتهم الإدارية،وكيفية حلها ؛ حيث إن العاملين في الميدان تكون لديهم حلول بناءة لكيفية حلها.

المحور الثاني : مشكلات تعليمية تتعلق بالمدرسة ونوعية التعليم .

يعاني أي نظام تعليمي من مشكلات وتحديات مدرسية كثيرة تؤثر علي نظام التعليم وتعوق تقدمة ،غير أن هذه المشكلات ليست مشكلات مستعصية،ولكنها مشكلات يمكن حلها لذلك،فإن هذا المحور سوف يتعرض للكثير من المشكلات مع وضع حلول وبدائل مقترحة لكل مشكلة .

أولا: تزايد الطلب علي التعليم .

أتاحت وثيقه السياسة التعليمة التي ظهرت في عام ١٣٩٠ هـ الفرصه لكل مواطن سعودي لينال حظه من التعليم ، وكان علي الجهات المختصة أن تضع الخطط اللازمة لاستيعاب جميع التلاميذ الذين في سن التعليم الابتدائي.

واستجابة لتلك الدعوة التي أطلقتها وثيقة السياسة التعليمية ، بذلت وزارة التربية والتعليم جهوداً كبيرة في سبيل نشر التعليم العام ، وكان من الطبيعي إزاء هذه السياسات الطموحة لنشر التعلم [illegible]

تقديرات خطط التنمية الخمسية،وهذا بلا شك أثر سلبياً علي المدخلات المادية والبشرية التي تتطلبها العملية التعليمية ، تبدو هذه السلبيات واضحة في جوانب عديدة من نظام التعليم السعودي نذكر منها :-

١- زيادة كثافة الفصول ونقص استخدام التقنيات التعليمية الحديثة الأمر الذي يؤدي إلى تدني مستوى مخرجات التعليم العالي .

٢- العجز الواضح في المباني المدرسية المناسبة سواء من ناحية الإعداد أو التجهيز للوفاء باحتياجات الطلاب .

٣- العجز الواضح في أعداد المعلمين القادرين على الوفاء بمطالب النظام التعليمي .

❖ الحلول والبدائل المقترحة لمعالجة هذه المشكلة :

١- فتح مدارس في الأحياء الآهلة بالسكان بحيث يخف الضغط على المدارس التي تعاني من الازدحام .

٢- قيام قسم التجهيزات المدرسية والوسائل التعليمية خلال الإجازة الصيفية بتحديد حاجات المدارس من المقاعد والأثاث والأجهزة والوسائل لتوفيرها قبل بداية العام الدراسي .

٣- إمكانية استخدام أنظمة تعليمية موازية وإتاحة فرص تعليمية للمواطنين وفقا للصيغ الحديثة مثل : التعليم المفتوح ، التعليم عن بعد ، توسع في نظم الانتساب ..... الخ .

٤- تحديد المطلوب من أعداد المعلمين في كافة التخصصات لإعدادهم في اطار كليات التربية .

٥- وضع تخطيط علمي مستقبلي يكفل استيعاب الراغبين في التعليم بالكم والكيف المناسبين .

ثانيا : نقص المباني المدرسية:

يعد المبنى المدرسي من الدعائم الأساسية في نظام التعليم ،بأنه المكان الذي تتفاعل بداخله كافة عناصر العمليه التربوية والتعليمية ، ولأهمية المباني المدرسية،فقد

حظيت بعناية كبيرة في جميع النظم التعليمية وقد لقيت المباني المدرسية في نظام التعليم السعودي اهتماماً كبيراً ،غير أن النمو السريع في معدلات التعليم حال دون ملاحظة المباني المدرسية له بالصورة المطلوبة ، فأمام زيادة الإقبال علي التعليم العام وخاصة المرحلة الابتدائية اضطرت الجهات المسؤولة إلي استثمار مباني سكنية لتكوين مدارس للطلاب ،مع إدخال بعض التعديلات عليها لتكون ملائمة إلي حد كبير للعملية التعليمية .

ونشير في هذا السياق الي أن نسبة المباني المستأجرة التابعة لوزارة التربية والتعليم تصل الي ٥٥% من إجمالي المباني المدرسية ، وقد أشارت الإحصائيات إلى أن نسبة ٦٠ % من هذه المباني فقط صالحة للعملية التعليمية ،في حين أن نسبة ٤٠ % منها لا تفي بالغرض المطلوب .

ولا شك أن نقص المباني المدرسية قد نتج عنه الكثير من الآثار السلبية علي نظام التعليم السعودي ويمكن إجمالها في النقاط التالية:-

١- قرب حجرات الدراسة من بعضها،مما يساعد علي شيوع الفوضي والضوضاء؛نظراً لقرب الصوت .

٢- زيادة الكثافه الطلابية في الفصول .

٣- عدم وجود أماكن مناسبة لإقامة الصلاة،والندوات،واللقاءات الطلابية

٤- قلة المرافق والأماكن الكافية لمزاولة النشاط الطلابي .

٥- عجز المدارس عن متابعة الصيانة الكافية في أغلب المباني .

٦- سوء تجهيز وصيانة دورات المياة .

٧- سوء تهوية الحجرات الدراسية .

٨- عدم قدرة هذه المدارس على تنفيذ الانشطة الصيفية؛نظراً لضيق المساحة .

❖ **الحلول والبدائل المقترحة لمعالجة هذه المشكلة :**

١- تشكيل لجنة هندسية تكون مهمتها تنفيذ المباني المدرسية وفقًا للمعايير العالمية المتفق عليها في إنشاء المباني .

٢- مشاركة الوزارة مع القطاع الخاص في تنفيذ مباني مستأجرة حسب احتياجات المناطق السكنية .

٣- وضع خطة مستقبلية يتم في ضوئها إحلال المباني المستأجرة الغير مطابقة للمواصفات بمباني أخري مطابقة وملائمة للعملية التعليمية .

٤- اتفاق الوزارة مع شركات صيانة متخصصة للقيام بعمليات الصيانة بشكل دوري وبعيد عن أي تلاعب أو سلبيات .

ثالثا : تقليدية دور المعلم .

مما هو جدير بالذكر أن المعلم هو حجر الأساس في إنجاح العملية التعليمية،ورغم الجهود التي تبذلها الوزارة في المملكة العربية السعودية في تدريب وإعداد المعلم، إلا أن هناك العديد من السلبيات التي يتسم بها هذا النظام،نتيجة تقليدية دور المعلم وإصراره على استخدام الأساليب التقليدية في التدريس،والتي تركز على أسلوب الحفظ والتلقين أكثر من استخدام الأساليب الحديثة الأخرى في التدريس.

وحيث أن دور المعلم لم يعد ناقل للمعرفة ولكن أصبح باحث عن المعرفة ، ومن أسباب تقليدية دور المعلم نذكر منها مايلى :-

١- ضعف إعداد المعلم في كليات التربية ؛ حيث إن كليات التربية مازالت تستخدم الأساليب التقليدية في إعداده بعيداً عن استخدام الأساليب الحديثة.

٢- ضعف قدرة المعلم على استخدام الأساليب التكنولوجية الحديثة في التدريس،والذى يرجع إلى ضعف إعداده في كليات التربية،وكذلك ندرة برامج التدريب في هذا المجال وضعف قدرتها على الإعداد الجيد للمعلم لاستخدام التكنولوجيا الحديثة.

٣- انفصال وعزلة كليات التربية عن الواقع التعليمى،وبالتالى لا يتم إعداد المعلم حسب الاحتياجات الحالية،والمستقبلية ولكن يتم إعداده بشكل تقليدى ،وهو ما يجبر المعلم بعد مزاولته المهنة إلى اتباع الأساليب التقليدية فى التدريس.

٤- الضغوط التى قد تمارسها الإدارة المدرسية على المعلم المتميز والتى تجبره على إتباع الأساليب التقليدية المتعارف عليها،والبعد عن تطبيق الجديد والحديث من أساليب التدريس.

وقد أدت تقليدية دور المعلم إلى تأثُر النظام التعليمى بالمملكة العربية السعودية بالعديد من الآثار السلبية والتى منها :-

١- شيوع أساليب القهر فى التعامل مع التلاميذ،مما يساعد على التشكيل الخاطىء لسلوكياتهم.

٢- تولية التلاميذ وجعلهم يفكرون بطرق متشابهة فى جميع المواقف مما يقتل الإبداع والابتكار لدى الكثير منهم.

٣- تقديس الامتحانات وجعلها الغاية من التعليم فى حين أن التقويم الشامل المطبق فى الكثير من البلدان الأجنبية وبعض الدول العربية مثل (مصر) جعل الامتحانات جزء من النظام التعليمى،وليست هى الغاية الوحيدة منه.

٤- إنعدام العلاقات الإنسانية بين المعلم وتلاميذه،مما يقضى على عنصر البهجة فى العملية التعليمية.

❖ الحلول والبدائل المقترحة لحل هذه المشكلة :-

١- تكمن البداية فى تغيير الأساليب التى يتم بها إعداد المعلم فى كليات التربية ؛حيث لابد من إعداده طبقا للطرق التربوية الحديثة مثل إعداه كملاحظ نفسى ، كمرشد مهنى للطلاب ، كمشارك

٢- التدريب الجيد والمستمر للمعلم على كل ما هو حديث فى مجال طرق التدريس والتقنية التعليمية.

٣- تحفيز المعلم والمبدع حتى يكون قدوة يحتذى بها زملاؤه.

٤- إعادة تعديل العلاقة بين الإدارة المدرسية والمعلم ،بحيث يعطى المعلم قدراً من الحرية فى استخدام أساليب التدريس التى يراها مناسبة وملائمة للدروس التى يقوم بشرحها.

رابعا : ضعف الإقبال على التعليم الفنى .

يعد التعليم الفنى أحد أنماط التعليم الذي يساعد على توفير القوى العاملة الماهرة التى تحتاجها المملكة وخاصة فى ظل التنمية اللاقتصادية والإجتماعية التى تقوم بها ؛ حيث تؤكد وثيقة السياسة التعليمة على توفير كفاية المملكة من العاملين الصالحين والمؤهلين فى جميع الميادين والمستويات ، الذين تتوافر فيهم العقيدة السليمة والخلق الفاضل وإتقان العمل وحسن القيام بما يوكل إليهم من مهام.

وإنطلاقا من تأكيد الوثيقة على أهمية التعليم الفنى ، فقد شرعت المملكة ببناء المدارس الفنية ؛ حيث أنشأت أول مدرسة صناعية متوسطة فى مدينة جدة عام ١٣٦٩هـ ، ثم توالى انشاء المدارس الصناعية والتجارية والزراعية ، وتبعها الكليات التقنية التى بلغ عددها أكثر من (٢٩) كلية .

ورغم حاجة المملكة إلى العمالة الماهرة،إلا أن هناك عجزاً واضحاً فى هذه العمالة ، قد يكون مرجعة نظرة المجتمع المتدنية للعمل اليدوى ،وكذلك التميز الطبقى بين التعليم الفنى والتعليم العام،حيث لا يحظى التعليم الفنى فى المملكة بنفس المستوى الإجتماعى للتعليم العام ، والذى قد يكون مرجع هذه النظرة الحالة الإقتصادية المزدهرة التى تمر بها المملكة والاعتماد بشكل كبير على العمالة الأجنبية فى سد احتياجات البلاد من العمالة المطلوبة بالإضافة إلى رخص هذه العمالة وترفع أبناء البلد عن مزاولة هذه الأعمال؛حيث نتج من عزوف الكثير من أبناء المملكة عن التعليم الفنى العديد من المشكلات والتى يمكن إجمالها فيما يلى :-

١- افتقاد سوق العمل إلى العمالة الماهرة من خريجى التعليم الفنى.

٢- استنفاذ جزء كبير من ميزانية التعليم فى الإنفاق على التعليم الفنى الذى يحتاج إلى إقامة ورش داخل المدارس الفنية،والمحصلة النهائية عزوف الطلاب عن الالتحاق بهذا النمط من التعليم،وبالتالى هدر جزء كبير من الميزانية.

٣- انقسام المجتمع إلى طبقتين: طبقة خريجى التعليم العام (وهم طبقة الصفوة والتميز)، وطبقة خريجى التعليم الفنى وهم الطبقة دون المستوى فى المجتمع.

٤- تراكم أعداد كبيرة من خريجى التعليم الفنى أمام أبواب الجامعات الأمر الذى سوف يؤثر بالتأكيد على نوعية وجودة التعليم الجامعى.

❖ **الحلول والبدائل المقترحة لحل هذه المشكلة :-**

١- تغير النظرة المجتمعية للتعليم الفنى وذلك من خلال وسائل الإعلام ، والنوعية الدينية فى المساجد والمؤسسات التربوية والمدارس.

٢- إدخال التقنية الحديثة الى التعليم الفنى حتى يصبح تعليم تقني أكثر منه فنى،والذى سوف يتيح زيادة التشعيب والتخصص داخل التعليم الفنى.

٣- فتح أبواب الجامعات أمام خريجى التعليم الفنى لإكمال دراستهم الجامعية فى العديد من العمليات.

٤- تحفيز القائمين على إجراء البحوث بعمل بحوث ودراسات تضع حلول وبدائل لهذه القضية.

خامسا : ضعف الكفاءة الخارجية للنظام التعليمى.

بالرغم ما يتمتع به نظام التعليم بالمملكة العربية السعودية،إلا أن النتائج المحققة من هذا النظام التعليمى – إذا ما قورن بنظم التعليم الأخرى فى الكثير من الدول العربية ،نجد ان نتائجه متواضعهوضعيفه؛حيث تقوم المملكه بالإنفاق الكبير على التعليم ، والذى يحتل جزءَ مالياً كبيراً جداً فى الميزانية ،فميزانية التعليم بالمملكة فى الخطة الخمسية السادسة على سبيل المثال كانت(١٨٣.٤٩٤)مليون ريال من إجمالى الميزانية العامة للدولةوالبالغ (٨٥٢.٠٠٠)مليون ريال ، أى نسبة ٢١.٥% وهى نسبة ليست بقليلة

إذا ما قورنت بالدول الأخرى ، وعلى الرغم من ذلك نجد أن مستوى وجودة مخرجات التعليم متواضعة بالمقارنة بالمبالغ التى يتم إنفاقها فى الميزانية.

❖ الحلول والبدائل المقترحة لهذه المشكلة :

١- وضع معايير لمخرجات التعليم يمكن من خلالها قياس مستوى مخرجات التعليم،والتي يمكن من خلالها إجراء التطوير والتجديد المطلوب في النظام التعليمي .

٢- إعداد التدريبات اللازمة لأعضاء هيئة التدريس،حتى يتم استخدام أحدث الأساليب التدريسية،والتي يمكن من خلالها رفع كفاءة المخرجات التعليمية .

٣- الإعداد والتأهيل الجيد للقيادات المدرسية؛بحيث تساعد على إنجاح العملية التعليمية لما لها من دور فعال في هذا المجال،والتي يمكن من خلالها تدعيم وإنجاح أي عمليات تطوير تقوم بها الوزارة .

٤- التأكيد على الأنشطة المدرسية،والتي تجعل من المدرسة بيئة شيقة وجاذبة للطلاب.

٥- التأكيد على ضرورة وأهمية التقويم الشامل للمدرسة والتي يمكن من خلاله الوقوف على نقاط القوة والضعف في المنظومة التعليمية .

٦- التطوير المستمر للمناهج التعليمية حتى تواكب متغيرات العصر .

٧- الوقوف على متطلبات سوق العمل،وإجراء التغيرات والتجديدات التربوية في ضوئها،وذلك حتى تفي المخرجات التعليمية باحتياجات هذا السوق .

٨- إداخال التقنية الحديثة إلى النظم التعليمية،والتأكيد على أهمية وضرورة استخدامها.

سادسا : الإستخدام الأمثل لتكنولوجيا التعليم .

بات حقيقة أن تكنولوجيا التعليم هى التى تميز الدول المتقدمة عن غيرها من الدول المتخلفة ، حيث قطعت الكثير من الدول المتقدمة وعلى رأسها اليابان والولايات

المتحدة شوطاً كبيراً فى توظيف التكنولوجيا الحديثة فى العملية التعليمية،والتى إستطاع بها النظام التعليمى إكساب الطلاب الكثير من مهارات استخدامها.

والمملكة العربية السعودية ليست بعيدة عن هذا التطور التكنولوجى ولكن تم استخدامه،وتوظيفه بالمدراس عن طريق إدخال مادة الحاسب الآلى بالمرحلة الثانوية ،والتى يستهدف من ورائها اكساب الطلاب مهارات استخدام الحاسب الآلى،والذى أصبح من ضروريات إتقان أى مهنة بسوق العمل.

وعلى الرغم من هذه الجهود الكبيرة،إلا أنه ما زالت هناك فجوة بين استخدام الحاسب الآلى بين الدول المتقدمة والمملكة العربية السعودية وقد يرجع أسباب ضعف استخدام التكنولوجيا الحديثة إلى ما يلى :-

١- ضعف التوظيف الجيد لتكنولوجيا التعليم بما يتلائم مع كل وحدة دراسية ؛ حيث إن لكل وحدة احتياجاتها التى لابد من تحديدها قبل إقحام تكنولوجيا التعليم بها.

٢- التركيز بنسبة كبيرة على المواد النظرية دون العملية.

٣- ضعف برامج التدريب المقدمة للمعلمين،والتى تحفزهم على استخدام الحاسب الآلى،والذى قد يرجع الى قصر المدة أو ضآلة المحتوى .

٤- ضعف وعى بعض أعضاء الإدارة المدرسية بأهمية استخدام تكنولوجيا التعليم فى العملية التعليمية،مما ينعكس بالسلب على تحفيز المعلمين على إستخدامه أو إعاقتهم من إستخدامه.

٥- ضعف وعى واضع السياسات التعليمية بأهمية توظيف تكنولوجيا التعليم فى العملية التعليمية.

بدلاً من توظيف التكنولوجيا الحديثة .

❖ **الحلول والبدائل المقترحة لحل هذه المشكلة :-**

١- نشر ثقافة العمل الفني والتكنولوجيا الحديثة بين العاملين في الحقل التعليمي إبتداءً من مدير المدرسة إلى المعلمين والطلاب.

٢- محاولة التدرج في إدخال وتوظيف التكنولوجيا التعليمية بما يتلائم مع المرحلة الدراسية واحتياجاتها.

٣- الاختبار الجيد للكوادر البشرية التي تضع السياسات التعليمية بحيث تكون عناصر بشرية لديها إقتناع تام بأهمية استخدام تكنولوجيا التعليم وتوظيفها داخل الحقل التعليمي.

٤- إن التقنية لا يشترط أن تكون مرتفعة الثمن لكن المهم هو ملاءمتها للهدف الذي تستخدم من أجله .

٥- إدخال المقررات والمناهج بالكليات والمعاهد التي تساعد المعلمين على إتقان التكنولوجيا الحديثة منذ مرحلة الإعداد.

٦- تحفيز الباحثين التربويين على عمل دراسات مسحية ميدانية.

سابعاً : الهدر التربوي في التعليم .

يقصد بالهدر التربوي في التعليم وجود خلل في التوازن الوظيفي للعملية التعليمية،حيث يصبح حجم المدخلات أكبر بكثير من حجم المخرجات وهو ما يمثل عبئاً إضافياً على الموارد المالية المخصصة للتعليم.

ويأخذ الهدر التربوي العديد من الصور مثل:التسرب والرسوب والغياب وعدم قدرة المدرسة على الاستفادة من الوقت المتاح للعملية التعليمية.

والمملكة العربية السعودية كغيرها من الدول العربية تعاني من مشكلة الهدر التربوي، والذي يرجع سببه الأساسي إلى ظاهرة التسرب والرسوب ، حيث تعني ظاهرة

التسرب ترك التلميذ الدراسة قبل إتمام المرحلة التعليمية ،أما الرسوب:ويعنى تكرار بقاء التلميذ فى نفس الصف عدة مرات.

وحسب الإحصائيات فإن ظاهرة الهدر التربوى تتزايد من مرحلة إلى أخرى فى المملكة ؛حيث تبلغ نسبة الهدر التربوى فى المرحلة الإبتدائية (١٣%)،أما المرحلة المتوسطة فتبلغ نسبة الهدر التربوى (١٨%)، أما المرحلة الثانوية فتبلغ نسبة الهدر التربوى (٣٧%) أى أن المرحلة الثانوية هى أكثر المراحل إرتفاعاً فى النسبة،مما يجعل هناك عجز فى العمالة المطلوبة حيث إن عدد المتسربين فى هذه المرحلة لا يكونون بمثابة عمالة ماهرة ولا تصف ماهرة،مما ينعكس بالسلب على سوق العمل ويزيد من نسبة البطالة فى المجتمع السعودى.

وترجع ظاهرة الهدر التربوى إلى العديد من العوامل منها عوامل من خارج النظام التعليمى،والتى ترجع إلى ارتفاع ظاهرة الأمية بين السكان ولا تعترف بأهمية تعليم أبنائها خاصة البنات،وعوامل من داخل النظام التعليمى والتى ترجع بشكل أساسي إلى المعلم وإلى الأساليب التدريسية والتربوية الممكنة التى يستخدمها والتى تشعر الطلاب بالملل والرغبة الشديدة في ترك التعليم وعدم الرغبة فى المواصلة.

ومن الآثار السلبية الناجمة عن الهدر التربوى فى التعليم ما يلى :-

١- فقدان نسبة كبيرة من الموارد المالية المخصصة للتعليم.

٢- عدم تلبية احتياجات سوق العمل من العمالة الماهرة المطلوبة.

٣- تدنى مخرجات المراحل التعليمية المختلفة نظراً لتدنى الكفاءة الداخلية للتعليم.

٤- الإحباط النفسى الذى يشمل كافة أطراف العملية التعليمية من جراء الرسوب والغياب المتكرر دون عذر مقبول.

❖ **الحلول والبدائل المقترحة لحل هذه المشكلة :-**

١- تفعيل الأنشطة المدرسية داخل المدارس لجعل المدرسة بيئة جاذبة للطلاب.

٢- إعداد المعلم إعداداً تربويا متكاملاً تجعله يستخدم أساليب تربوية وتدريسية متنوعة،تجذب الطلاب داخل الفصل وتشيع فيهم البهجة.

٣- تحفيز المعلمين على استخدام التقنية الحديثة بما يزيد من فاعلية التعليم.

٤- إزالة الحشو من المناهج مما يقلل من إنبعاث الملل داخل الطلاب ويعيقهم من الفهم والإستيعاب.

٥- تنويع أساليب التقويم وعدم اقتصارها على الاحتياجات فقط ،مما يساعد على اكتشاف الموهوبين من الطلاب.

٦- دمج الجانب العملى بالجانب النظرى مما يشعر الطلاب بكسر روتين العملية التعليمية.

ثامناً : نقص فاعلية برامج تدريب المعلمين.

مما لا شك فيه مدى أهمية دور المعلم فى إنجاح العملية التعليمية ، حيث يعد محور العملية التعليمية والسبب الرئيسى فى نجاحها ، ومن هنا بات لازماً على وزراة التعليم بالمملكة العربية السعودية الاهتمام بالتدريب أثناء الخدمة للمعلمين فى كافة المراحل التعليمية ، وعلى الرغم من الإهتمام بالتدريبات المعدة للمعلمين أثناء الخدمة إلا أن هناك مشكلات تواجه هذه التدريبات حيث أنها لا تلبى كافة الإحتياجات التدريبية ولا تساعد على إعداد معلم المستقبل ، وذلك رغم الطفرة الكبيرة التى يشهدها سجل تدريب المعلمين على المستوى العالمى.

وقد ساعد ذلك على ظهور العديد من الآثار السلبية على أداء المعلم والتى يمكن إجمالها فيما يلى:-

١- عزوف المعلم عن استخدام تكنولوجيا التعليم وتوظيفها فى التدريس.

٢- تقليدية أساليب التدريس التى يستخدمها المعلم وتجنبه للأساليب الحديثة نظراً لشعوره بالكثير من جوانب القصور والعجز فى إستخدامها على الوجة الأفضل.

٣- زيادة عملية الهدر التربوى فى التعليم نظراً لتسلل الملل فى نفس التلاميذ من جراء الروتينية والتقليدية داخل الفصل.

٤- قصور المعلمين على الإدارة الجيدة للفصل والتى تساعد على شيوع الفوضى وعدم الإنضباط الجيد له.

٥- عدم الإهتمام برفع مستوى البرنامج التدريبى يؤدى الى تقاعس المعلمين وفقدانهم الثقة بجدوى التدريب ومضامينه التربوية.

❖ الحلول والبدائل المقترحة لحل هذه المشكلة :-

١- تنوع أساليب التدريب بجانب إكساب المعلم أكبر قدر من الخبرات من المهارات المطلوبة.

٢- تنمية مهارات التعليم الذاتى للمعلم والتى تساعده على الإستفادة ببرامج التدريب المتنوعة.

٣- ربط التدريب بالاحتياجات التدريبية الحقيقية للمعلمين وكذلك بالإحتياجات المستقبلية،مما يساعد على إعداد معلم المستقبل.

٤- التدريب على مواجهة وحل المشكلات الواقعية التى تتميز بها تجارب المعلمين داخل المدراس وفق أسلوب المحاكاة.

تاسعاً : ضعف العلاقة بين المدرسة والأسرة .

تعد العلاقة بين المدرسة والأسرة علاقة فى غاية الأهمية ، حيث إننا لا نبالغ حينما نقول أن المدرسة سوف تعجز عن القيام بمهامها،إذا لم يكن هناك جسور للتواصل بينها وبين المنزل.

فالمنزل يعد هو المدرسة الأولى التى ينشأ فيها الطفل وتكسبه العادات والتقاليد التى ينتقل بها الى المدرسة ، حيث أن بعض هذه العادات والتقاليد قد يكون صحيح وتحاول المدرسة التأكيد عليها بجانب الأدوار الأخرى التى تقوم بها وبعضها خاطئ تحاول المدرسة تغييرها ومن هنا لابد أن يكون هناك تعاون بين المدرسة والأسرة لأية محاولة تغيير والتى لابد أن تبدأ من الأسرة أولاً ثم المدرسة.

وتتغير أشكال التواصل بين الأسرة والمدرسة من خلال اللقاءات الفردية مع المعلمين ، ومجلس الجمعية العمومية للآباء من المعلمين ، ومجلس الآباء والمعلمين.

وعلى الرغم من تنظيم هذه العلاقة بين المدرسة والأسرة فى الأشكال السالف ذكرها،والتى سعت الوزارة إلى وضعها لتفعيل دور الآباء مع المدارس فى تربية وتعليم أبنائهم ، إلا أن العلاقة بين المدرسة والأسرة مازالت ضعيفة ،بل إن ضعف هذه العلاقة يقف عائقاً أمام نجاح العملية التعليمية بالمدارس؛حيث أشارت احدى الدراسات أن الأمهات لا يذهبن إلى زيارة المدارس،وذلك بناء على ماورد من إحصائيات الإداريات بنسبة ١٠٠% ، والمديرات بنسبة ٨٣.٣% ،وجاءت نسبة المعلمات ٨٢.٣% المعلمات ، مما يؤكد ضعف هذه العلاقة وأنه مازال هناك عدم وعى بأهمية دور الأسرة داخل المدرسة؛حيث إن هناك العديد من الآثار السلبية الناجمة عن ضعف الدور الذى تلعبة الأسرة فى المدرسة يمكن إجمالها فيما يلى:-

١- عدم تحقيق العملية التعليمية النتائج المرجوة منها .

٢- تأخر تفعيل بعض الأنشطة والتى تتطلب تعاون للأسرة مع أبنائها (مثل الأنشطة الفنية).

٣- غياب المقترحات البناءة للأسرة والتى تساعد فى عمليات التطوير والتجديد داخل المدرسة.

❖ **الحلول والبدائل المقترحة لحل هذه المشكلة :-**

١- تفعيل دور وسائل الإعلام بأهمية تعاون الأسرة مع المدرسة من أجل إعداد أجيال شابة داعمة للمملكة.

٢- إعطاء مساحة أكبر للأمهات والآباء فى مجلس الآباء والمعلمين ، والجمعية العمومية للآباء والمعلمين تبرز أهمية الدور الذى يقومون به.

٣- عقد ندوات توعية بالمدارس تبرز أهمية تعاون الأسرة مع المدرسة فى تربية وتعليم أبنائهم.

٤- تخصيص فترة مسائية بالمدارس لإستقبال أولياء الأمور للتعرف على مشكلات أبنائهم ومحاولة حلها.

٥- الإستفادة من نتائج البحوث والدراسات العلمية التى تناولت هذه الموضوع.

عاشراً- التقويم والاختبارات .

يعد التقويم التربوى أحد الوسائل الأساسية التى يتم على أساسها تقييم الطالب ، حيث يعبر التقويم عن عملية منهجية لجمع البيانات وتفسير الأدلة مما يؤدى إلى إصدار أحكام تتعلق بالطلاب أو البرامج مما يساعد فى توجيه العمل التربوى واتخاذ الإجراءات المناسبة من خلال القياس ثم التقييم ثم العلاج والتحسين.

أما التقويم التربوى فيعرف بأنه:"العملية التى تستخدم فيها عملية القياس الكمى والكيفى،وأى معلومات يحصل عليها بوسائل أخرى مناسبة ، فى إصدار حكم معين من جوانب شخصية المتعلم، أوعلى جانب معين من جوانب المنهج واتخاذ قرارات بشأن هذا الحكم بقصد تطوير أو تحسين هذا الجانب من شخصية المتعلم او عنصر المنهج.

وبالنسبة للإختبارات فإنها تمثل إجراءً منظماً لقياس عينة ممثلة من المهمات التعليمية والمخرجات التعليمية.

ومن الملاحظ للتعريفات السابقة،نجد أن التقويم التربوى يشمل العديد من جوانب العملية التعليمية وهى :-

- تقويم المنهج الدراسى بعناصره المختلفة (الأهداف- المحتوى- نشاطات التعليم والتعلم- التقويم).

- تقويم المعلم.

- تقويم نتاج المنهج.

والمحصلة النهائية للمنهج هو التلميذ،أو على الأصح هو التغير الذى يحدثه المنهج فى سلوكه نتيجة تفاعله معه ، ويمكن تقويم المنهج بالتغير الذى احدثه على سلوك التلميذ معرفياً او عقلياً ووجدانياً ومهارياً من مستوى معين إلى مستوى آخر مرغوب فيه ، تعبر عن أهداف المنهج.

وقد يستخدم التقويم الإختبارات ،أدوات الملاحظة ، قوائم التقويم ، مقاييس الإتجاة ، وسائل التقدير الذاتى وغيرها من الوسائل والأساليب المستخدمة فى التقويم.

ولكن الملاحظ على مستوى المملكة أن تقويم الطلاب يستخدم من خلال الإختبارات التحصيلية فقط التى يعدها المعلمون هذه الإختبارات يكتنفها العديد من جوانب القصور من أهمها :-

١- انخفاض قدرة المعلمين على صياغة الفقرات الموضوعية ولجوئهم إلى الأختبارت المقالية.

٢- عدم تغطية الإختبارات لجميع جوانب المقرر الذى يعد لقياس جانب واحد فقط هو الجانب المعرفى مع إهمال الجانب السلوكى والمهارى.

٣- عدم إهتمام المعلمين بإعداد جداول المواصفات للإختبارت التى يعدونها.

٤- إنخفاض المستويات المعرفية التى تستهدف فقرات الإختبار قياسها لدى المتعلمين.

❖ البدائل والحلول المقترحة لهذه المشكلة :-

ومن هنا كان لابد من الإتجاة الى المفاهيم الحديثة فى التقويم،والتى يمكن من خلالها معالجة القصور فى جوانب التقويم التربوى التقليدية،والتى من أهمها التقويم الشامل؛حيث إن التقويم الشامل يركز على جميع جوانب العملية التعليمية المتعلقة بالطالب وهى الجانب المعرفى من خلال المنهج والأبحاث التى يكلف بها الطالب،والتى تتطلب قدرة المعلم والطالب على استخدام التكنولوجيا الحديثة ،والقدرة على استخدام المكتبة المدرسية ، وكذلك الأنشطة،والتى من خلالها يتم إكسابه العديد من القدرات والخبرات السلوكية والمهارية سواء كانت هذه الأنشطة أنشطة تعليمية مرتبطة بالمنهج أو أنشطة متنوعة تتعلق بميول واتجاهات الطلاب.

ويعد التقويم الشامل هو أحد الأدوات الرئيسة التى استخدمت فى بعض الدول العربية مثل:مصر وعمان ، وتستخدم فى الكثير من الدول المتقدمة والتى أمكن من خلالها التغلب على مشاكل التقويم التربوى التقليدى وكذلك أمكن من خلالها من جعل المدرسة بيئة جاذبة للطلاب،وأمكن كذلك من خلالها الحد من نسب التسرب والرسوب فى المدراس.

المراجع

١- **إبراهيم بدران:** تطلعات لمصر المستقبل: في السياسة والتنمية البشرية والبحث العلمي (القاهرة: نهضة مصر، ١٩٩٩).

٢- **إدارة برامج التربية:** رؤية مستقبلية للتعليم في الوطن العربي: الوثيقة الرئيسة، المؤتمر الأول لوزراء التربية والتعليم والمعارف العرب المنعقد في طرابلس في الفترة من ٥: ٦ ديسمبر ١٩٩٨م (طرابلس: المنظمة العربية للتربية والثقافة والعلوم، ١٩٩٨).

٣- **إدارة برامج التربية:** مدرسة المستقبل: الوثيقة الرئيسة، المؤتمر الثاني لوزراء التربية والتعليم والمعارف العرب المنعقد في دمشق في الفترة من ٢٩: ٣٠ يوليو ٢٠٠٠م (دمشق: المنظمة العربية للتربية والثقافة والعلوم، ٢٠٠٠) ص ٢٣.

٤- **بول كنيدي:** الاستعداد للقرن الحادي والعشرين، ترجمة محمد عبد القادر وغازي مسعود (القاهر: دار الشروق، ١٩٩٣).

٥- **بيومى محمد ضحاوي:** التربية المقارنة وتنظيم التعليم، القاهرة، دار الفكر العربي، ط٢، ٢٠٠١م.

٦- **تقرير لجنة** " إدارة شئون المجتمع العالمي ": جيران في عالم واحد، ترجمة: مجموعة من المترجمين، مراجعة: عبد السلام رضوان، عدد ٢٠١(الكويت: سلسلة عالم المعرفة، ١٩٩٥).

٧- **حسين بشير** : " منهجية تقويم السياسة التعليمية في مصر " بحث مقدم إلى ندوة : منهجية تقويم السياسات الاجتماعية في مصر المنعقدة بالقاهرة ، المركز القومي للبحوث الاجتماعية والجنائية (١٩٨٨).

٨- **حمد إبراهيم السلوم،** التعليم العام في المملكة العربية السعودية، مطابع انترناشنال كرافكس، واشنطن،١٩٩١.

٩- **حمد بن علي السليطي،** أحمد علي الصيداوي: مشروع استشراف مستقبل العمل التربوي في دول الخليج العربية: دراسه الاتجاهات العامه للإصلاح التربوي في العالم: نماذج متميزه من المنظمات والهيئات والدول الصناعية والنامية (الرياض: مكتب التربية العربي لدول الخليج، ١٩٩٨).

١٠- خوسيه جواكين برونر: "العولمة والتعليم والثورة التكنولوجية"، في: مستقبليات، المجلد ٣١، عدد ١١٨، يونية ٢٠٠١.

١١- رضا أحمد إبراهيم: نظم التعليم في العالم المعاصر "دراسة مقارنة"، القاهرة، مؤسسة سعد سمك للنسخ والطباعة، ١٩٨٠.

١٢- سعاد بسيوني عبدالنبي وآخرون: التربية المقارنة، منطلقات فكرية ودراسات تطبيقي، مكتبة زهراء الشروق، القاهرة، ط٢، ٢٠٠٥.

١٣- سعاد بسيوني وآخرون: التربية المقارنة منطلقات فكرية ودراسات تطبيقية، القاهرة، مكتبة زهراء الشرق، ٢٠٠٤.

١٤- شاكر محمد فتحي أحمد، إدارة المنظمات التعليمية: رؤية معاصرة للأصول العامة، (القاهرة: دارالمعارف، ١٩٩٦).

١٥- شاكر محمد فتحي أحمد: التربية المقارنة "الأصول الاجتماعية والتعليم في أوربا وشرق آسيا والخليج العربي ومصر"، بيت الحكمة للإعلام والنشر، ١٩٩٧.

١٦- شبل بدران: التربية المقارنة "دراسات في نظم التعليم"، الإسكندرية، دار المعرفة الجامعية، ٢٠٠١.

١٧- شبل بدران، فارق البوهي: نظم التعليم في دول العالم "تحليل مقارن"، القاهرة، دار قباء للطباعة والنشر، ٢٠٠١.

١٨- ضياء الدين زاهر: الإصلاح الاقتصادي ومأزق التعليم المصري: دراسة تحليلية   (القاهرة: منتدى العالم الثالث، ومنظمة اليونيسيف، ١٩٩٣).

١٩- ضياء الدين زاهر، إدارة النظم التعليمية للجودة الشاملة : أسياسات وتطبيقات، القاهرة ، دار السحاب، ٢٠٠٥).

٢٠- طارق حماده، منهاج النظم إطار متكامل لدراسة الظواهر الاجتماعية نموذج تطبيقي لظاهرة الإدارة في الدول العربية، القاهرة : المنظمة العربية للعلوم الإدارية.

٢١- عادل الدوسري: التعليم والتنمية في المملكة العربية السعودية، الرياض، جامعة الملك فهد للبترول والمعادن، http://www.kfupm.edu.sa/crp/Download/Research/Available at: ,

Accessed on 20/8/2010.

٢٢- **عبد الجواد السيد بكر** : السياسات التعليمية وصنع القرار (الإسكندرية ، دار الوفاء للطباعة والنشر ، ٢٠٠٢).

٢٣- **عبد الحميد عبد المجيد حكيم**، مدى تنفيذ مبادئ السياسة التعليمية من وجهة نظر معلمي المرحلة الثانوية العامة بمنطقة مكة المكرمة، رسالة دكتوراه غير منشورة مقدمة لكلية التربية جامعة أم القرى ١٤١٩.

٢٤- **عبد العزيز بن عبد الله السنبل**: التربية في الوطن العربي علي مشارف القرن الحادي والعشرين (الإسكندرية : المكتب الجامعي الحديث والمركز العربي للتعليم والتنمية ، ٢٠٠٢) .

٢٥- **عرفات عبد العزيز سليمان:** الاتجاهات التربوية المعاصرة، رؤية فى شئون التربية وأوضاع التعليم، القاهرة، مكتبة الانجلو، ط٤، ٢٠٠٠.

٢٦- **عزة جلال** :سياسة التعليم ونظامه بالمملكة العربية السعودية، الرياض: دار الرشد، ٢٠١٠.

٢٧- **على السلمى** ، تحليل النظم السلوكية ، (القاهرة ، مكتبة غريب ، بد . ت)

٢٨- **فاتن محمد عزازي**، سياسة التعليم ونظامه بالمملكة العربية السعودية، حائل: دار الأندلس، ٢٠١٠.

٢٩- **كمال المنوفى** : " السياسات العامة وأداء النظام السياسى " فى تحليل السياسات العامة، قضايا نظرية ومنهجية، تحرير على الدين هلال، القاهرة، مكتبة النهضة، ١٩٨٨.

٣٠- **كوميز** ، أزمة التعليم في عالمنا المعاصر ، ترجمة أحمد خيري كاظم وجابر عبد الحميد جابر ، ١٩٧١م ، دار النهضة العربية ، القاهرة .

٣١- **محمد إبراهيم عطوة مجاهد:** "بعض مخاطر العولمة التي تهدد الهوية الثقافية للمجتمع ودور التربية في مواجهتها"، في: مستقبل التربية العربية، المجلد السابع، العدد ٢٢، يوليو ٢٠٠١.

٣٢- **محمد عبد الحميد وأسامه قرني**، نظم التعليم قبل الجامعي واتجاهات تطويره، مقرر إلكتروني مقدم لمشروع تطوير الدبلومات التربوية في ضوء تكنولوجيا المعلومات والاتصال، كلية التربية جامعة عين شمس، ٢٠٠٦.

٣٣- **محمد عبد السلام حامد**: دراسات في التربية المقارنة، جامعة الأزهر، ١٩٩٥.

٣٤- **محمد منير مرسي**: التربية المقارنة بين الأصول النظرية والتجارب العالمية، عالم الكتب، ١٩٩٨.

٣٥- **ميتشيو كاكو**: رؤى مستقبلية: كيف سيغير العلم حياتنا في القرن الواحد والعشرين، ترجمة: سعد الدين خرفان، مراجعة: محمد يونس (الكويت: عالم المعرفة، ٢٠٠١).

٣٦- **نادية جمال الدين** : " منهجية تقويم السياسات الاجتماعية في مصر " المركز القومي للبحوث الاجتماعية، والجنائية، القاهرة، ١٩٩٨.

٣٧- **نجوى إبراهيم**: " السياسات العامة، والتغير السياسي في مصر"، رسالة دكتوراه، غير منشورة، كلية الاقتصاد والعلوم السياسية، ١٩٩١.

٣٨- **هربرت أ. شيللر**: المتلاعبون بالعقول:الإصدار الثاني، ترجمة: عبد السلام رضوان(الكويت: عالم المعرفة،١٩٩٩).

٣٩- **همام بدراوي زيدان** : " السياسة وسياسة التعليم " دراسات تربوية – مجلة تصدرها رابطة التربية الحديثة ، المجلد الثامن ، الجزء ٥٤ ، (١٩٩٣).

٤٠- **وزارة التخطيط** ،خطة التنمية السابعة، ١٤٢٠، الرياض. الفصل الأول.

٤١- **ياسر فتحي الهنداوي المهدي**، إدارة المدرسة وإدارة الفصل: أصول نظرية وقضايا معاصرة، القاهرة، المجموعة العربية للتدريب والنشر ٢٠٠٩.

42-   David Hawkridge: Models for Open and Distance Learning: Globalization, Education and Distance Education (: The Commonwealth of Learning and International Research Foundation for Open Learning, 2003).

الفهرس

Printed in the United States
By Bookmasters